D1730364

HANS FLICK, FRANK HANNES,
CHRISTIAN VON OERTZEN

PROMINENTE TESTAMENTE

HANS FLICK, FRANK HANNES,
CHRISTIAN VON OERTZEN

PROMINENTE TESTAMENTE

Was haben die Schönen und Reichen falsch gemacht?

Frankfurter Allgemeine Buch

Bibliografische Information Der Deutschen Bibliothek –
Die Deutsche Bibliothek verzeichnet diese Publikation in der
Deutschen Nationalbiografie; detailliertere bibliografische
Daten sind im Internet über http://dnb.ddb.de abrufbar.

Hans Flick, Frank Hannes, Christian von Oertzen

Prominente Testamente
Was haben die Schönen und Reichen falsch gemacht?

F.A.Z.-Institut für Management-,
Markt- und Medieninformationen GmbH

Frankfurt am Main 2005

ISBN 3-89981-050-3

Frankfurter Allgemeine Buch

Copyright: F.A.Z.-Institut für Management-, Markt-
und Medieninformationen GmbH
60326 Frankfurt am Main

Bildauswahl/
Satz Umschlag: F.A.Z.-Marketing / Grafik
Satz Innen: Angela Kottke
Druck: Druckerei Steinmeier, Nördlingen
Bindung: Oldenbourg Buchmanufaktur, Monheim

INHALT

Im Tode sind alle gleich   9

James Dean   15
Der Rabenvater wird zum lachenden Erben

Abraham Lincoln   21
Ein Anwalt vergißt, sein Testament zu machen

Pablo Picasso   29
Patchwork-Familie ohne erbrechtliche Regelung

Der Gewürzfabrikant Ostmann   35
Gepfefferte Erbfolge nach Scheidung

Alice Keppel   43
Die streitvermeidende Geliebtenversorgung
ist ein schwieriges Thema

Alfred Nobel   49
Testamentsbedingter Fehlstart des Nobelpreises

Familiengesellschaft Benteler   55
Tödliche Erbschaftsteuerersparnis

Grace Kelly   61
Das höchstpersönliche Ethik-Testament ihres Vaters

Heinrich Heine   67
Zynisch und ironisch als Erbe und Erblasser

Henry Ford II.   75
Lückenhafte Verwalterregelungen führen zum Streit

Howard Hughes   81
Zweiundfünfzig Testamente schaffen keine Klarheit

Steven Spielberg   87
Was er beim zweiten Ehevertrag anders machte

Johann Wolfgang von Goethe   93
Spätes Testament

Warren Buffett   99
    Kinder durch Erben nicht verderben

Prinz Louis Ferdinand von Preußen   105
    Ein Erbvertrag macht Rechtsgeschichte

William Shakespeare   113
    Ein Testament gibt Anlaß zu Spekulationen

Johann Friedrich Städel   119
    Stiftungen von Todes wegen sind streitanfällig

Dora Maar   127
    Die kostspielige Erbensuche

Hans Heinrich Thyssen-Bornemisza   133
    Der teuerste Familienstreit des 20. Jahrhunderts

Quintessenz für »Normalsterbliche«   139
    Aus mißlungenen Erbfolgeregelungen
    Prominenter lernen!

Glossar   147

Die Autoren   179

Hätte James Dean dieses Buch gelesen, wäre er nicht tödlich verunglückt. Er wäre nämlich langsamer gefahren, weil er gewußt hätte, daß – ohne Testament – sein Rabenvater der Universalerbe seines zukünftigen, großen Vermögens werden würde.

Heinrich Heine dagegen wird eine außergewöhnliche erbrechtliche Auflage nachgesagt: Seine Frau müsse wieder heiraten. Zur Begründung soll er angeführt haben, damit wolle er sicherstellen, daß später einmal wenigstens ein Mann seinen Tod bedauerte. Bei seiner schlechten Vermögenslage konnte er sich diesen Zynismus im Testament eigentlich nicht leisten.

Und wußten Sie, daß der Nobelpreis schon fünf Jahre früher hätte verliehen werden können, wenn sein Stifter sich bei Testamentserrichtung sachkundigen Rates bedient hätte?

Spekulieren läßt sich auch darüber, ob es wohl pure Gehässigkeit war, als Shakespeare seiner Ehefrau das »zweitbeste« Bett im Hause vermachte.

Glück im Umglück hatten die Schwiegersöhne von Grace Kellys Vater: Dieser tröstete sie in seinem leicht verständlichen ethischen Testament darüber hinweg, daß er sie nicht unmittelbar bedacht hatte – aber er habe seinen Töchtern eine großzügige »Kleiderspende« hinterlassen, die die Schwiegersöhne doch erheblich entlasten würde.

Auch andere Reiche und Schöne machten Fehler beim Vererben, die hier in diesem Buch ironisch beschrieben werden. Denn genau wie normale Sterbliche wollen Prominente nicht sterben, drücken sich vor einem Testament, machen schwere Fehler beim Vererben, richten großes Unheil in der Familie an.

Nutzen Sie die pointierten Hinweise, um es besser zu machen.

Hans Flick

Manch einer wird bezweifeln, ob der gewöhnliche Sterbliche aus mißlungenen Erbregelungen Prominenter lernen kann. Er mag einwenden, die Größenordnung des Vermögens sei eine andere. Die Berühmten, Schönen und Reichen könnten sich kluge und kompetente Berater leisten, die ihnen helfen, ihre Erbfolge rechtzeitig zu planen.

Dieser Einwand ist, wie viele Beispiele zeigen, unzutreffend: Im Tode sind alle gleich. Nur sind die Ängste und ihre Verdrängung, sind die Fehlleistungen der Prominenten oft deutlicher ausgeprägt, haben schwerer wiegende Folgen und werden publiziert, ohne allerdings die Ursachen aufzudecken und ohne zu zeigen, wie man es besser macht.

Die meisten Fehler bei der Erbfolge liegen erfahrungsgemäß im menschlichen Bereich, sind psychologischer Natur und entziehen sich weitgehend rationaler Betrachtung. Alle haben die allgemeine Angst vor dem Tode, verdrängen ihre Sterblichkeit und wollen durch die Formulierung ihres Letzten Willens nicht auch noch deutlich daran erinnert werden. 70 Prozent der Bevölkerung versterben deshalb untestiert. Dazu gehören auch Berühmte und Reiche wie der amerikanische Filmschauspieler James Dean, der spanisch-französische Maler Pablo Picasso und ein - wie die Presse berichtete - bekannter deutscher Banker.

10 Möglicherweise ist diese Angst vor dem Tode bei Prominenten noch größer als bei den »Normalsterblichen«. Stellt doch der liberale Harvard-Professor John Kenneth Galbraith fest, daß bei dem sinnlichen Verhältnis der Wohlhabenden zu ihrem Vermögen der trennende Tod zur größten Quelle ihrer Ängste wird. Ihr Selbstbewußtsein verstärkt den Verdrängungsprozeß. Der Schriftsteller William Saroyan sagte: »Jedermann muß sterben, aber ich habe immer geglaubt, in meinem Falle würde eine Ausnahme gemacht.« Sie sind auch in der Lage, ihr Versagen gegenüber anderen und sich selbst subtiler zu formulieren: Woody Allen bekannte mutig, daß er keine Angst vor seinem Tode habe, fügt dann aber einschränkend hinzu, er wolle nur nicht dabei sein, wenn es einmal geschähe.

Auch die Bereitschaft zum Erbstreit ist überall gleich verbittert groß, auch wenn dieser sich sachlich auf wertmäßig unterschiedliche Objekte bezieht. Mein Ausbilder, der Kölner Landgerichtsdirektor Heimsoeth, beschrieb seine richterliche Berufserfahrung so: »Kölsche Kraten schlagen sich ums Bettzeug, die Besserverdienenden fordern den Einkaräter ein, den ihre Mutter ihnen auf dem Totenbett versprochen hatte, und die ganz Reichen bezweifeln in getragenem Ton die Testierfähigkeit des seligen Verblichenen.«

Jahrelange Erbstreitigkeiten gab es um den Nachlaß von Pablo Picasso und Howard Hughes. Schenkungen wurden in den Fällen Benteler und Thyssen-Bornemisza angefochten. Das Familienvermögen wurde zerschlagen, der Familien-

friede auf ewig zerstört. Gewinner dieser Streitigkeiten waren immer Streitanwälte und der Fiskus als lachende Dritte.

Zunehmende Komplizierung der Familienstrukturen er-
schweren auch, ohne daß das vorher bedacht würde, die
Nachfolgeregelungen. Scheidungsauseinandersetzungen set-
zen sich in Erbstreitigkeiten fort. Die Kinder erster Ehe
fühlten sich schon immer benachteiligt, die letzte Ehefrau
sucht eigene Macht und Vorteil für ihre Abkömmlinge.
Schon der griechische Tragödiendichter Euripides wußte:
Eine zweite Frau haßt die Kinder der ersten »wie eine Nat-
ter voller Gift«. Ein negatives Beispiel bietet der Ostmann-
Fall, bei dem letzlich nach dem tragischen Unfalltod von
Mutter und Tochter der geschiedene Ehemann lachender
Erbe wurde: Die Fabrik wurde später verkauft.

Bei Patchwork-Familien muß Streitvermeidung das Haupt-
ziel der Erbregelung sein. Als der bekannte Zoologe Pro-
fessor Grzimek verstarb, war er mit der Ehefrau seines vorverstorbenen Sohnes verheiratet. Nach seinem Tode brach
zwischen den Kindern der Frau aus beiden Ehen ein bitte-
rer Erbstreit aus. In all diesen Fällen ist eine erbrechtliche
Bereinigung der Vergangenheit erforderlich, die oft ge-
scheut wird und deshalb unterbleibt.

Richtigerweise wird bei guter Planung der Erbfolge der Generationenübergang des Vermögens in großen Teilen durch
Schenkungen vorweggenommen. Dabei spielt meistens weniger das zu lobende Ziel, den Erben in die Vermögensver-

waltung einzuüben, als die Erbschaftsteuerersparnis die größere Rolle. Man will Steuern sparen, ohne eigentlich bereit zu sein, schon jetzt Herrschaft und Vermögen abzugeben. Dabei werden aus Unerfahrenheit der Berater oft die notwendigen Kautelen und alternative Geschehensabläufe übersehen. So wird häufig vergessen, daß nicht in der Reihenfolge nach der Tabelle statistischer Lebenserwartungen gestorben wird und Kinder auch vor ihren Eltern versterben können. Ist dieser Fall richtigerweise schon im Schenkungsvertrag vorgesehen, entfällt die Verdoppelung der Erbschaftsteuer auf den Generationenübergang, während er sich sonst mehr als verdoppeln kann.

Will man die Rückgabe des geschenkten Gegenstandes wegen groben Undanks später über die Gerichte erreichen, führt dies – wie der Beneteler-Fall zeigt – zu langwierigen Streitereien mit leidvollen Begleitumständen. Im Falle Thyssen-Bornemisza kostete das Streitverfahren knapp 120 Millionen Euro. Eine richtig formulierte Widerrufsklausel wäre in beiden Fällen kurzfristig und schmerzloser wirksam geworden.

Der Fall Alfred Nobel zeigt, daß bei internationalen Erbfällen eine qualifizierte Beratung notwendig ist. Sie hätte die verzögerte Umsetzung des Letzten Willens, den Nobelpreis zu stiften, wesentlich beschleunigen können. Die erste Nobelpreisverleihung hätte schon an Nobels erstem Todestag stattfinden können und nicht erst vier Jahre später.

Eine Fehlerquelle ist, wie die Fälle Nobel und Benteler zeigen, die Erfahrungen der Kautelarjurisprudenz nicht zu nutzen. Der Jurist Goethe war hingegen im übrigen der eigentliche Erfinder des generationenüberspringenden Enkelfonds.

Die Anordnung einer Testamentsvollstreckung in einem Testament wird oft vom Erblasser unbedacht als Nebensache angesehen, kann jedoch wegen ihrer weitreichenden psychologischen Folgen und unvollkommenen Regelungen unheilvolle Folgen auslösen, wie der Fall Henry Ford II. zeigt.

Die Analyse mißglückter Erbfolgeregelungen von Prominenten ist geeignet, das allgemeine Problembewußtsein zu steigern, bei Laien für Problemfälle den Beratungsbedarf zu erhellen, zu gerechten und streitfreien Vermögensübergängen ohne überflüssige Vermögensverluste zu führen und dafür zu sorgen, daß zufriedene Erben gemeinsam ihres weitsichtigen Erblassers friedvoll gedenken.

JAMES DEAN

Der berühmte amerikanische Filmschauspieler James Dean raste im Alter von vierundzwanzig Jahren mit seinem Sportwagen in den Tod, ohne ein Testament zu hinterlassen. Der Film »Denn sie wissen nicht, was sie tun«, der ihn zum Idol der damaligen Jugend machte, war noch nicht uraufgeführt. Und so schien der Schauspieler zum Zeitpunkt seines Todes fast vermögenslos dazustehen. In seinem Nachlaß befanden sich außer einer Lebensversicherung von 100.000 Dollar nur die damals anscheinend unbedeutenden Lizenzrechte an seinen drei Filmen *Denn sie wissen nicht, was sie tun, Jenseits von Eden* und *Giganten*.

Sein früher Tod und seine scheinbare Vermögenslosigkeit entschuldigen das fehlende Testament, zumal er sich dabei in der Gesellschaft von 70 Prozent der Amerikaner befindet, die ohne Testament versterben – ein auch für Deutschland geltender Prozentsatz. Trotzdem ist dieser Erbfall typisch und lehrreich: Einerseits ließ der Nachruhm von James Dean die Lizenzzahlungen auf jährlich ein bis drei Millionen Dollar hochschnellen, und andererseits wurde wegen der gesetzlichen Erbfolge, die bei Fehlen einer letztwilligen Verfügung eintritt, sein Vater Winston Dean einziger Erbe. Dieser hatte seinen Sohn jedoch, nachdem die Mutter verstorben war, schon früh im Leben schmählich im Stich gelassen. Daß der verhaßte Vater nun nach seinem eigenen Tod sein ungewollter lachender Erbe würde, muß James Dean im Grabe wie ein bitteres Hohngelächter vorgekommen sein.

Hätte James Dean vorher bedacht, daß sein Vermögen – wie umfänglich es auch immer ausfallen sollte – als Erbe bei seinem ungeliebten Vater landen würde, wäre er vielleicht langsamer gefahren. Zumindest hätte er – als sich der Erfolg seiner Filme andeutete – ein vorläufiges, jederzeit änderbares Testament machen müssen, das eine ihm nahestehende Person oder Institution zu seinem Erben eingesetzt hätte und so auf jeden Fall den unerwünschten Erbgang auf seinen Vater verhindert hätte. Diese vollständige Enterbung eines Elternteils wäre in den Vereinigten Staaten auch möglich gewesen, weil es dort keine Pflichtteilsrechte gibt. In Deutschland haben Eltern von Erblassern, die ohne Hinterlassung von Kindern sterben, Pflichtteilsansprüche.

Mit einem solchen Testament hätte er den häufigsten Fehler aller Erbregelungen von Prominenten und »normalen« Sterblichen vermieden, nämlich untestiert zu versterben. Denn bei der 70-Prozent-Quote ergeben sich keine Unterschiede nach Vermögensgröße oder Bildungsstand, weil sie psychologisch bedingt ist. Wer aber untestiert verstirbt, der überläßt damit – in den USA wie in Deutschland – die Erbregelung der gesetzlichen Erbfolge. Und die teilt systematisch den Nachlaß nach dem Verwandtschaftsgrad bestimmten Personen zu, ohne Rücksicht auf Zu- oder Abneigung des Erblassers, ohne Rücksicht darauf, ob der Erbe den Erblasser umsorgt oder vernachlässigt hat, ob der Erbe Unterstützung braucht oder selbst schon im Überfluß lebt. Die gesetzliche Erbfolge ist den persönlichen Verhältnissen gegenüber als abstrakte Regel notwendigerweise neutral.

Ist die erste Lehre aus dem Fall James Dean, daß jeder ein Testament machen sollte, so ist die zweite beachtenswerte Regel, frühzeitig zu testieren. Jugend ist keine Entschuldigung für Nichtstun. Gestorben wird nämlich nicht nach der statistischen Lebenserwartung, sondern zu einem unvorhersehbaren Zeitpunkt. Ein frühes Testament, das man jederzeit ändern kann, hat außerdem den Vorteil der Gewöhnung. Man erfährt, daß man durch das Testieren nicht stirbt und daß man das Testament jederzeit ändern kann.

Testamente und Testamentsänderungen im höheren Alter sind andererseits von emotionalen und mentalen Altersschwächen oft unsachlich beeinflußt. Man läßt sich vom Notar noch einmal vorlesen, wen man im Testament enterbt, und setzt seinen treuen Hund zum Erben ein. Hier entstehen oft hämische Testamente, ein unangenehmer Charakterzug, den man der Nachwelt nicht auf ewig hinterlassen sollte.

Wie die gestörte Vater-Sohn-Beziehung im Falle James Dean zeigt, entsteht bei komplizierten Familienverhältnissen regelmäßig Beratungsbedarf, weil dann Erb- und Pflichtteilsansprüche verschlungene Wege gehen – insbesondere bei beabsichtigter Enterbung und zur Vermeidung von Pflicht-

teilsansprüchen. Derartige Komplizierungen der Familienverhältnisse sind heute schon allgemein häufiger und bei
Prominenten, wie das Beispiel führender Politiker zeigt,
noch öfter anzutreffen als bei »Normalsterblichen«. Besonders in Scheidungsfällen mit Patchwork-Familien muß
drohenden Konflikten vorgebeugt werden. Auch dort kann
die gesetzliche Erbfolge indirekt zur ungewollten Fehllei-
tung, nämlich in diesem Fall auf den nicht mehr geliebten
früheren Ehegatten führen.

Der mißlungene Erbfall James Dean lehrt uns, frühzeitig
ein Testament zu machen, weil die sonst eintretende gesetzliche Erbfolge blind ist. Bei letztwilligen Verfügungen in
hohem Alter ist liebevolle Betreuung eines am Erbe Unin-
teressierten angebracht. Komplizierte Familienverhältnisse
müssen für die Erbregelung sachkundig entzerrt werden.

ABRAHAM LINCOLN

Daß Schuster die schlechtesten Schuhe tragen, ist eine alte Erkenntnis und auf andere Berufsgruppen problemlos übertragbar. Von Abraham Lincoln wird berichtet, daß er während seiner fünfundzwanzigjährigen Tätigkeit als Anwalt auch zahlreiche Erbrechtsfälle begleitet habe. Von den über 5.000 Fällen, die Lincoln und seine Partner in den Jahren zwischen 1836 und 1861 abwickelten, waren fast 900 Erbschaften betroffen. Dabei sei es so gewesen, daß nahezu viermal so viele Erblasser ohne Testament verstorben seien als mit letztwilliger Verfügung. Dennoch gehörte auch Abraham Lincoln zu der Mehrheit der Nichttestierenden. Auch Thomas German, der berühmteste juristische Experte für Testamente, wußte, was er anrichtete, als er ohne Testament verstarb.

Bis heute hat sich – jedenfalls in Deutschland – der Anteil der testierenden Erblasser kaum erhöht. Ähnlich wie damals in Illinois wird es auch heute noch oft versäumt, ein Testament aufzusetzen. Dies verwundert umso mehr, als fast jedem von uns aus der Nachbarschaft, der Verwandtschaft oder dem Freundeskreis Fälle bekannt sind, in denen die ungeregelte Erbfolge zu Familienstreit und prozessualen Auseinandersetzungen geführt hat. Der Verzicht auf eine testamentarische Regelung mit konkreter Verteilung des Nachlaßvermögens ist vor allem deshalb so streitprovozierend, weil der gesamte Nachlaß bei Vorhandensein mehrerer Erben an eine Erbengemeinschaft fällt. Eine Ausnahme gilt lediglich für Beteiligungen an Personengesellschaften, die im Wege der Sondererbfolge bereits in Höhe der jeweiligen Erbquote an die einzelnen Erben gehen. Ansonsten aber sind alle Nachlaßgegenstände, wie unternehmerisches Vermögen, Immobilien, Wertpapiere, insoweit gebunden, als ein Erbe nicht alleine hierüber verfügen kann. Vielmehr bedarf die Veräußerung von Nachlaßgegenständen des grundsätzlich einstimmig zu treffenden Beschlusses der Erbengemeinschaft.

Auch die Verwaltung des Nachlaßvermögens hat grundsätzlich gemeinschaftlich zu erfolgen. Es versteht sich von selbst, daß über die Zusammensetzung des Aktiendepots, die Renovierung der Immobilie oder auch die Führung des Unternehmens bei den einzelnen Erben die unterschiedlichsten Auffassungen vertreten werden können. Das führt nicht nur leicht zu Streit, sondern auch zur Handlungsunfähigkeit der Erbengemeinschaft mit den sich daraus ergebenden Schäden für das Nachlaßvermögen.

Doch selbst wenn die gemeinschaftliche Verwaltung des Nachlaßvermögens noch einvernehmlich erfolgt, steht den Erben die eigentliche Prüfung ihrer Bereitschaft zur Wahrung des Familienfriedens noch bevor. Die Erbengemeinschaft muß nämlich auseinandergesetzt und das Nachlaßvermögen unter den Erben verteilt werden. Bestehen die Erben diese Prüfung nicht, ist also kein Einvernehmen über die Verteilung des Nachlaßvermögens zu erzielen, stellt das Gesetz ein Verfahren zur Auseinandersetzung der Erbengemeinschaft zur Verfügung. Das gesetzliche Teilungsverfahren kann von jedem auch nur gering beteiligten Miterben jederzeit dadurch in Gang gesetzt werden, daß er durch Erhebung der Auseinandersetzungsklage die Erbteilung entsprechend einem von ihm vorzulegenden Teilungsplan beansprucht.

Der Teilungsplan wiederum hat den gesetzlichen Regelungen zu entsprechen. Hiernach sind zunächst die Nachlaßverbindlichkeiten zu berichtigen, was danach verbleibt, ist an die Miterben entsprechend dem Verhältnis ihrer Erbteile zu verteilen. Soweit die Nachlaßgegenstände teilbar oder bei mehreren gleichartigen Nachlaßgegenständen aufteilbar sind, erfolgt die Teilung in Natur und die Verteilung gleicher Teile durch Los. Ist solches aber nicht möglich, sind die Nachlaßgegenstände zu verwerten: bewegliche Sachen durch Pfandverkauf, Grundstücke durch Zwangsversteigerung. Daß dies nicht selten zur Vernichtung von Werten führt, ist offensichtlich.

Neben dem erheblichen Streitpotential bei der Verwaltung und Auseinandersetzung des Nachlasses ergibt sich bei einem Verzicht auf ein Testament aber auch noch ein drittes Problem: Wer seinen Nachlaß nicht selbst regelt, überläßt dies nämlich dem Gesetz. Dieses aber verteilt den Nachlaß des Unternehmers genauso wie den des Beamten, Künstlers oder vermögenden Privatiers. Denn das Gesetz differenziert nicht danach, ob es sich bei den Erben um einen qualifizierten Unternehmensnachfolger oder einen Kriminellen, einen versorgungsbedürftigen Minderjährigen oder Behinderten oder einen Lottogewinner handelt, der keinerlei Versorgung mehr bedarf.

Hinzu kommt, daß viele Erblasser, die die Regelung ihrer Nachfolge dem Gesetz überlassen, überhaupt nicht wissen, wie diese Regelung denn aussieht, wie sich also der Nachlaß – je nach Familienverhältnissen – auf Ehefrau, Kinder, Eltern, Geschwister, Neffen oder Nichten verteilt. Nur selten ist es so, daß zukünftige Erblasser nach Aufklärung über das gesetzliche Regelungsmodell auf die Errichtung eines Testaments und damit eine individuelle Gestaltung ihrer Erbfolge verzichten. Das belegt, daß dem Verzicht auf ein Testament meist keine bewußte Entscheidung zugrunde liegt; er erfolgt vielmehr meist aus Unkenntnis oder Nachlässigkeit, die freilich aus der menschlich durchaus nachvollziehbaren Angst und Bedrückung resultiert, sich mit derart dunklen Themen zu beschäftigen.

Abraham Lincoln hingegen hat die sich bei »ungeregeltem« Erbfall ergebenden Probleme durchaus gekannt. Dennoch gehört er neben Pablo Picasso, Martin Luther King jr. oder etwa seinen Nachfolgern im Präsidentenamt Andrew Johnson und Ulysses S. Grant zu den berühmtesten Personen, die es versäumten, ein Testament zu errichten. Er hatte damit die Regelung seines Nachlasses dem Recht von Illinois überlassen. Hiernach verteilte sich sein Nachlaß zu jeweils einem Drittel auf seine Ehefrau Mary Todd Lincoln, seinen älteren Sohn Robert und seinen jüngeren, erst zwölf Jahre alten Sohn Tad, der bereits sechs Jahre nach ihm verstarb. Insbesondere von seiner Ehefrau wird berichtet, daß sie nach Lincolns Tod in erhebliche finanzielle Schwierigkeiten kam. Das hing unter anderem damit zusammen, daß der Nachlaß von einem gerichtlich bestellten Testamentsvollstrecker verwaltet wurde und Mary Todd Lincoln ihren Erbschaftsanteil erst nach zweieinhalb Jahren ausgezahlt bekam. Bis dahin soll ihr der Testamentsvollstrecker lediglich monatlich 130 Dollar überwiesen haben. Zur Begleichung von Schulden habe die Präsidentengattin ihre Garderobe verkaufen müssen, was für großes Aufsehen sorgte, aber ihr nur einen geringen Ertrag einbrachte.

Die Nachlaßverwaltung durch einen gerichtlich bestellten Testamentsvollstrecker ist sicherlich eine Besonderheit des anglo-amerikanischen Rechtskreises, die aber auch deutsche Erblasser mit amerikanischem Nachlaßvermögen zu beachten haben. Anders als im deutschen Recht geht der amerikanische Nachlaß nicht automatisch mit dem Tode des Erblassers auf den oder die Erben über. Vielmehr erhält diesen Nachlaß zunächst eine Mittelsperson, die die Nachlaßabwicklung zu übernehmen hat und an welche sich deshalb die Erben zur Erfüllung ihrer Ansprüche zu wenden haben. Zur verfahrensrechtlichen Erleichterung der Nachlaßabwicklung empfiehlt es sich deshalb bei Vorhandensein von anglo-amerikanischem Vermögen, in separatem, nach dem Recht des jeweiligen Staates errichtetem Testament diese Mittelsperson selbst zu bestimmen. Dieser sogenannte Executor tritt dann an die Stelle des sonst gerichtlich bestellten Administrators.

Das Problem, rechtzeitig an Nachlaßvermögen zur Bestreitung des Lebensunterhalts oder auch zur Durchführung notwendiger Investitionen zu kommen, stellt sich aber auch in Deutschland. So können die Erben über den Nachlaß regelmäßig erst dann verfügen, wenn ihnen vom Nachlaßgericht ein Erbschein erteilt wird. Bis dahin aber kann durchaus einige Zeit ins Land gehen. Es empfiehlt sich daher durch über den Tod hinaus wirkende Vollmachten den Hinterbliebenen einen frühzeitigen Zugriff auf das Vermögen - etwa auf Bankkonten - zu sichern.

Offen bleibt freilich, warum es Abraham Lincoln versäumt hat, ein Testament zu errichten. War es die Scheu, sich mit dem eigenen Tod zu beschäftigen, oder hielt er das Erbrecht von Illinois für ausreichend? Möglicherweise fühlte er sich auch noch zu jung, und sein Mörder, der ihn am Karfreitag des Jahres 1865 während einer Theatervorstellung erschoß, vereitelte eine für später vorgesehene Testamentserrichtung. Doch auch daraus wäre die Lehre zu ziehen, daß man für die Errichtung eines Testaments nie zu jung sein kann. Denn was für den Präsidenten das Attentat, ist für den Normalbürger der Autounfall.

PABLO PICASSO

Pablo Picasso war eines der größten künstlerischen Genies des 20. Jahrhunderts und ein Begründer der modernen Malerei. Er verstand es, sich selbst zu inszenieren, und war darüber hinaus äußerst geschäftstüchtig. Als Pablo Picasso im April 1973 verstarb, hinterließ er nach Verkehrswerten einen Nachlaß von rund 300 Millionen Euro. Obwohl sein persönlicher Berater und Rechtsanwalt Roland Dumas ihn, wie dieser später berichtete, mehrfach gebeten hatte, ein Testament zu errichten, tat Picasso dies nicht. Dumas warnte ihn immer wieder: Wenn die gesetzliche Erbfolge bei seinen komplizierten Familienverhältnissen eintreten würde, dürfte die Nachlaßabwicklung sehr schwierig werden. Darauf soll Picasso sinngemäß geantwortet haben: »Roland, es wird noch komplizierter, als selbst du es dir ausmalst.«

In Picassos künstlerischem Nachlaß befanden sich knapp 2.000 Gemälde, 1.300 Skulpturen, 3.000 Keramiken, 18.000 Stiche, 7.000 Lithographien, knapp 8.000 Skizzen und nochmals rund 4.700 Skizzen in 149 Notizbüchern. Daneben hinterließ er großzügige Immobilien und Kapitalvermögen.

Aufgrund der komplizierten Familiensituation kamen zunächst als potentielle Erben seine zweite Ehefrau Jacqueline Roque, mit der er seit 1961 verheiratet war und seit etwa

1955 ein Verhältnis unterhalten hatte, sowie sein Sohn Paolo aus seiner ersten Ehe mit der russischen Ballettänzerin Olga Kokhlova in Betracht. Diese hatte er 1918 geheiratet. Ab 1935 lebte er von ihr getrennt. Sie war 1955 verstorben. Daneben gab es noch Claude und Paloma Gilot, die aus der Beziehung Pablo Picassos mit seiner Geliebten Françoise Gilot, mit der er von 1946 bis 1953 zusammenlebte, stammten, sowie Maja, das Kind, das er mit seiner Geliebten Marie Thérèse Walter hatte, mit der er von 1935 bis 1936 eine Affäre unterhielt.

Jacqueline Picasso und Paolo Picasso gingen zunächst davon aus, daß sie die alleinigen Erben des Nachlasses seien, zumal Jacqueline seit etwa 1964 dafür gesorgt hatte, daß die drei unehelichen Kinder aus Picassos Leben faktisch verbannt waren – ein Verhalten, das im übrigen in solchen Situationen nicht ungewöhnlich ist. Frankreich hatte aber 1972 ein neues Erbrecht erlassen, wonach bei gesetzlicher Erbfolge außerehelich geborene Kinder die Hälfte der gesetzlichen Erbquote von ehelichen Kindern erhalten würden. Für die Quotenbildung wurden dabei fiktiv sämtliche überlebenden Kinder als ehelich unterstellt. Ferner mußte der Erblasser im Zeitpunkt der Zeugung verheiratet gewesen sein und gleichzeitig eheliche Kinder haben.

Obwohl das Gesetz vor Picassos Tod erlassen worden war, stritten sich die außerehelichen Kinder, die Witwe und der eheliche Sohn zunächst vor Gericht, ob dieses Gesetz tatsächlich auf den Erbfall anwendbar war. Andere rechtliche

Schwierigkeiten kamen hinzu: Zu jener Zeit erhielt der überlebende Ehepartner unter französischem Recht ein Nießbrauchsrecht von einem Viertel an dem Nachlaß sowie – da die Eheleute im gesetzlichen französischen Güterstand der Gütergemeinschaft lebten – die Hälfte aller Vermögensgegenstände, die zum Gemeinschaftseigentum der Eheleute Picasso gehörten. Das Nießbrauchsrecht konnte wiederum durch eine Rente abgelöst werden. In diesem Zusammenhang war streitig, ob die in den Nachlaß eines Künstlers fallenden Kunstgegenstände zum Gemeinschaftseigentum der Eheleute oder zum Alleineigentum des Künstlers gehörten.

Zudem stellte sich noch eine ganze Reihe von urheberrechtlichen Fragen. Schließlich konnte der französische Staat eine Art mündliches Testament nachweisen, daß 13 Degas-, 1 Renoir-, 2 Cézanne-, 7 Matisse- und 1 Miró- sowie eine ganze Reihe weiterer Gemälde in seiner Kunstsammlung dem französischen Staat versprochen waren. Schließlich mußte auch die französische Erbschaftsteuer bezahlt werden. Seit 1969 gibt es in Frankreich ein Gesetz, wonach Erbschaftsteuer auch mit Kunst bezahlt werden kann. Dies war ein Weg, den die Erben zwangsläufig beschreiten mußten, denn hätten diese auf einmal eine große Zahl seiner Werke auf den internationalen Kundenmarkt geworfen, wäre es zu einer dramatischen Entwertung des Werkes von Picasso gekommen. Fraglich ist auch, ob der Kunstmarkt eine große Anzahl von Picasso-Kunstgegenständen überhaupt hätte aufnehmen können.

So erhielt der französische Staat zur Begleichung der Erbschaftsteuer nochmals aus dem Werk Picassos knapp 230 Gemälde, 149 Skulpturen und 85 Keramiken, knapp 1.500 Skizzen, 33 Skizzenbücher und 1.600 Drucke neben den Kunstwerken anderer Künstler, die er mündlich dem Staat versprochen hatte. Dies entbehrt nicht einer gewissen Ironie, da sich Picasso zu seinen Lebzeiten immer geweigert hatte, dem französischen Staat oder einem seiner Museen freiwillig seine Werke zu überlassen.

Als die Erben kurz vor dem Abschluß der komplizierten Erbauseinandersetzungsvereinbarung standen, verstarb Paolo, der Sohn aus erster Ehe. Nun traten zwei weitere Erben auf: seine Kinder Marina und Bernard Picasso. Dies führte dazu, daß die endgültigen Nachlaßabwicklungsdokumente erst am 15. September 1977, mehr als vier Jahre nach Picassos Tod, unterzeichnet werden konnten. Nach diesen erhielt die letzte Frau Picassos, Jacqueline Roque, 30 Prozent des Nachlasses, die beiden ehelichen Enkel, Marina und Bernard, je etwa 20 Prozent und die außerehelichen Kinder, Maja, Claude und Paloma, je etwa 10 Prozent des Nachlasses. Die Nachlaßabwicklungskosten sollen sich auf 10 Prozent des Nachlasses belaufen haben.

Der Picasso-Fall zeigt besonders anschaulich die Gefahren einer ungeregelten Nachfolge, vor allem wenn Kinder aus verschiedenen Ehen, außereheliche Kinder und der letzte Ehepartner in einer Erbengemeinschaft aufeinanderstoßen. Unklare Rechtsverhältnisse, unter Umständen das Aufar

beiten von Scheidungstraumata bei Kindern aus unterschiedlichen Ehen, das Ausleben von Verletzungen mit
rechtlichen Mitteln, als außereheliches Kind nicht von der
Familie zu Lebzeiten akzeptiert worden zu sein, und eine
unklare Rechtslage, wenn Verwertungsrechte an einem
künstlerischen Werk in den Nachlaß fallen, sind zwangsläufig die Folge.

Insoweit mutet es überraschend an, daß schon innerhalb
von vier Jahren nach dem Tode von Picasso eine abschlie-
ßende Vereinbarung zwischen den gesetzlichen Erben
untereinander sowie zwischen ihnen und dem Zwangserben
Staat geschlossen werden konnte. Der Fall zeigt aber auch,
daß geschiedene Erblasser, Erblasser mit ehelichen und
nichtehelichen Kindern sowie Erblasser mit Kunst im
Nachlaß immer einer Vermögensnachfolgeplanung bedürfen und man es nicht auf die gesetzliche Erbfolge ankom-
men lassen sollte.

Karl Ostmann GmbH & Co KG

- Gewürzfabrikant

- Marktanteil von 40 Prozent
  in Deutschland

OSTMANN

Der Gewürzhersteller Karl Ostmann GmbH & Co KG war einst eine bedeutende Familiengesellschaft mit einem Marktanteil von über 40 Prozent in Deutschland. Der Ehemann einer maßgebenden Gesellschafterin war Geschäftsführer der Firma. Zusammen hatten sie eine Tochter. Mit der Scheidung endete auch sein Arbeitsverhältnis. Aus dem geliebten Ehe- und Geschäftspartner wurde der gehaßte und verstoßene Scheidungsgegner. Durch einen - für den Laien schwer erkennbaren - Fehler bei der Erbfolgeregelung der Gesellschafterin wurde der geschiedene Ehemann durch deren Tod überraschend zum Gesellschafter der Kommanditgesellschaft.

Dabei hatte die Gesellschafterin nach der Scheidung ihren Anwalt noch gefragt, ob sie ihr Testament ändern müsse, um sicherzustellen, daß ihr geschiedener Ehemann auf keinen Fall Erbe würde. Der konnte sie beruhigen. Schon von Gesetzes wegen falle der geschiedene Ehegatte aus dem Testament und aus der gesetzlichen Erbfolge heraus. Um ganz sicherzugehen, machte sie jedoch ein neues Testament, in dem sie ihre Tochter als ihre Alleinerbin einsetzte.

In dem Gefühl, alles vorsorglich geregelt zu haben, setzte sie sich in ihren Sportwagen, um zusammen mit ihrer Tochter in Urlaub zu fahren. Unterwegs verunglückten beide tödlich, die Mutter verstarb noch an der Unfallstelle, die Tochter später im Krankenhaus.

Entsprechend dem Letzten Willen der Gesellschafterin war ihre Tochter bei ihrem Tode Alleinerbin geworden, bei deren nachfolgendem Tod trat – weil die Tochter kein Testament errichtet und die Mutter für diesen Fall nicht vorgesorgt hatte – die gesetzliche Erbfolge ein. Da die Tochter keine Kinder hatte, wurden ihre Eltern von Gesetzes wegen Erben. Weil ihre Mutter vor ihr verstorben war, wurde einziger Erbe der Tochter ihr Vater, der geschiedene Ehemann ihrer Mutter, die ihr Familienerbe gerade dort nicht hatte landen sehen wollen. So erhielt der verhaßte geschiedene Ehemann die Gesellschaftsbeteiligung seiner früheren Ehefrau und tauchte, mit einem amtlichen Erbschein versehen, auf der nächsten Gesellschafterversammlung zum Entsetzen der Familie in dem vertrauten Gesellschafterkreis auf. Daß er auch das Privatvermögen seiner geschiedenen Frau einschließlich des Familienschmucks erbte, war da nur noch eine skurrile Randerscheinung. Für die Zahlung der für die beiden Erbgänge fällig werdenden Erbschaftsteuer, die mangels Voraussicht sehr hoch war, mußte er die Liquiditätshilfe der Firma in Anspruch nehmen. Die Familie verkaufte das Unternehmen 1999.

Angesichts dieser Familientragödie fand die Verstorbene im Grabe keine Ruhe, zumal die verheerenden Folgen so einfach zu vermeiden gewesen wären, wenn man bei der Erbregelung der Mutter vorausschauend alternative Geschehensabläufe berücksichtigt hätte. Auf die Frage, an wen der Nachlaß denn gehen sollte, wenn ihre Tochter nach ihr ohne Hinterlassung von Kindern verstirbt, wäre wahrscheinlich die Antwort der Erblasserin gekommen: »Natürlich an meine Mitgesellschafter beziehungsweise deren Kinder, meine Neffen und Nichten.« Sie hätte das – weil der Arm des Erblassers gesetzmäßig so weit reicht – selbst in ihrem Testament bestimmen können, wenn sie diese Neffen und Nichten als »Nacherben« eingesetzt hätte. Dann wäre der Nachlaß in der Familie geblieben und nicht unbeabsichtigt bei ihrem geschiedenen Ehemann gelandet.

Bei dieser Gelegenheit hätte man gleichzeitig zwei andere Eventualitäten lösen müssen: Auch für den Fall, daß die Tochter vor der Mutter verstirbt, enthielt das Testament keine Regelung. Diese Lücke würde durch Einsetzung eines Ersatzerben geschlossen. Und wichtig wäre auch gewesen, daß für den Fall, daß die Tochter beim Erbfall noch minderjährig wäre, im Testament einen Testamentsvollstrecker zu benennen, damit nicht der geschiedene Vater hier aufgrund seines elterlichen Sorgerechts neue unerwünschte Macht in der Firma erhält.

Auch bei Schenkungen zwischen Ehegatten sollte immer für den Fall einer Scheidung ein Widerrufsrecht vorgesehen werden. Das bedeutet kein Mißtrauen, sondern deckt nur eine vierzigprozentige Wahrscheinlichkeit ab.

Geschiedene, die mit dem früheren Ehepartner um den Zugewinn prozessieren, Vermögen abgeben mussten und Li-
quidität einbüßten, ziehen oft verbittert harte Konsequenzen für nachfolgende Beziehungen: Zur sicheren Vermeidung zukünftiger güterstandsrechtlicher Ansprüche bei
erneuter Scheidung verlangen sie die ehevertragliche Vereinbarung strikter Gütertrennung oder verweigern überhaupt die standesamtliche Hochzeit – mit unvorhergesehe-
nen verheerenden Folgen für die Erbregelung. Beides –
Nichtheirat und Gütertrennung – vergrößert nämlich Erb-
und Pflichtteilsansprüche der Kinder aus erster und zweiter
Ehe und erschwert die Versorgung der neuen Lebensgefährten. Unverheiratet hat der Partner nämlich keinen gesetzlichen Erbanspruch und zählt bei der Pflichtteilsbe-
rechnung nicht mit, seine Versorgung erfolgt erbschaftsteuerlich grundsätzlich in Steuerklasse III. Und bei
Eheschließung mit Gütertrennung ist der Erb- und Pflichtteilsrecht allgemein halb so groß und außerdem die Versorgung erbschaftsteuerlich steuerpflichtig. Dagegen beschränkt eine Heirat mit notariell vereinbartem modifizier-
tem Zugewinn, der das Scheidungsrisiko ausschließt, die
Erb- und Pflichtteilsansprüche der Kinder aus erster und
zweiter Ehe erheblich und macht die Versorgung des Lebensgefährten weitgehend erbschaftsteuerfrei.

Der gesetzliche Grundsatz, daß der geschiedene Ehegatte
mit dem Nachlaß seines früheren Ehepartners nichts mehr
zu tun hat, wird bei Unterhaltsansprüchen über den Tod
hinaus durchbrochen. Die letzte Ehefrau muß, wenn sie Er-

bin ist, für die Unterhaltsansprüche ihres Ehemanns gegenüber früheren Ehefrauen aufkommen – eine Überraschung,
die oft erst nach dem Todesfall eintritt und den neuen Partner manchmal daran zweifeln läßt, ob es richtig war, einen
geschiedenen Mann zu heiraten. Zwar sind diese Ansprüche
insoweit limitiert, als sie den Pflichtteil nicht tangieren dürfen. Pflichtteilsansprüche sind aber aus verschiedenen
Gründen besonders streitanfällig: Welche Gegenstände gehören wem? Wie sind sie zu bewerten?

Patchwork-Familien haben meist bei der Erbregelung spe-
zielle psychologische Probleme. Kann man nach vierzig Jahren Ehe gegenüber den Kindern gut vertreten, daß die Versorgung des überlebenden Ehegatten absoluten Vorrang
hat und die gemeinsamen Kinder mit Sicherheit am Schluß
alles erben, so ist dies bei der zweiten oder dritten Ehefrau
schwieriger. Hier droht die Gefahr, daß der überlebende
fremde Ehegatte in seine Familie weitervererbt. Und wenn
er oder sie gleichaltrig mit den Kindern erster Ehe sind, ver-
zögert sich der Erbgang erheblich.

Besonders schwierig wird aus psychologischen Gründen die
Grundlage jeder Erbfolgeplanung, einen Pflichtteilsverzicht
der Kinder aus früheren Ehen zu erhalten. Er muß nämlich
besonders fair sein. Aus Feigheit schrecken manche Leute
vor dem Versuch zurück – mit der Konsequenz, die unangenehme Erbregelung zu vergessen, was beachtliche negative Folgen haben kann: Die letzte Ehefrau/der letzte Ehemann fällt zusammen mit den Kindern früherer Ehen in ei-

ne Erbengemeinschaft, die nur einstimmig handeln und teilen kann und bei der die Streitanfälligkeit groß ist, weil das Verhältnis zueinander von Vorurteilen überlagert wird.

Ein Geschiedener, der es ernst mit der Fürsorge für seine letzte Frau und mit der Fairneß für seine Kinder aus früheren Ehen meint, muß – so unangenehm das auch ist – eine vernünftige, streitfreie, ausgeglichene Erbregelung durchsetzen. Auch erbrechtlich wird man durch eine Scheidung nur den Partner los, nicht aber die gemeinsamen Kinder.

ALICE KEPPEL

Die streitvermeidende Geliebtenversorgung
ist ein schwieriges Thema

Nicht immer endet eine außereheliche Beziehung so glücklich wie zwischen Camilla Parker Bowles, der heutigen Camilla Mountbatten-Windsor, und Prinz Charles, dem vermutlich zukünftigen König von Großbritannien. Ebenso selten gibt es Geliebte und betrogene Ehefrauen, die so taktvoll und diskret miteinander umgehen, wie dies zwischen der Urgroßmutter von Camilla, Alice Keppel, die für zwölf Jahre die geduldete Geliebte von König Edward VII. war, und Königin Alexandra geschah.

Im Jahre 1898 lernten sich der damalige 56jährige playboyhafte Prince of Wales, der bekannt für sein exzessives Leben war, und die 29jährige Alice kennen. Sie wurden schnell ein Liebespaar. Dies beruhte unter anderem auch darauf, weil sie eine sehr gute Bridge-Spielerin war. Königin Alexandra duldete diese Beziehung, da Alice zurückhaltend, taktvoll und diskret war – im Gegensatz zu ihren vielen Vorgängerinnen. Es gelang ihr, den König während seiner depressiven und cholerischen Phasen aufzuheitern und mäßigend auf seinen egozentrischen und reizbaren Charakter einzuwirken. Sie gewann schnell großen Einfluß auf ihn und beriet ihn auch in politischen Fragen.

Dies galt auch für die Zeit nach seiner Thronbesteigung im Jahre 1901. So war sie regelmäßig seine halboffizielle Begleiterin auf offiziellen Veranstaltungen oder bei seinen regelmäßigen Sommerreisen nach Biarritz und Monte Carlo. Auch bei Staatsbesuchen war sie präsent, wie Aufzeichnungen über ein Staatsbankett anläßlich eines Besuches von Wilhelm II. in Großbritannien und die anschließende Korrespondenz zwischen Alice Keppel und dem deutschen Kaiser zeigen. Als Edward VII. wegen einer chronisch gewordenen Bronchitis im Mai 1910 im Buckingham Palace im Sterben lag, wurde sie auf ausdrücklichen schriftlichen Wunsch des Königs noch an dessen Bett gerufen, um Abschied zu nehmen. Jedoch ist überliefert, daß in dem Moment, als Edward VII. endgültig das Bewußtsein verlor, Königin Alexandra die anwesenden Ärzte aufgefordert haben soll, »jene Frau« zu entfernen. Auch eine Eintragung in das offizielle Kondolenzbuch wurde ihr verweigert. Sie trat daraufhin – taktvoll wie sie war – eine einjährige Reise nach Fernost an. Sicherlich geschah dies auch, um sich weitere Nadelstiche dieser Art zu ersparen, zumal ihr Einfluß bei Hofe mit dem Tode des Königs sofort erloschen war.

Die Umstände im Tode bzw. danach offenbaren – zwar abgedämpft durch Hofetikette und -zeremoniell – einen tiefen, menschlich nachvollziehbaren Konflikt, der heutzutage regelmäßig in derartigen Dreiecksbeziehungen mit dem Tode ungehemmt und -gebremst ausbricht und den außerehelichen Partner als den rechtlich schwächeren Part zurückläßt, obwohl er sich vielleicht aufopferungsvoller als die eigene Familie um den oder die Verstorbene gekümmert hatte. Dem nicht- oder außerehelichen Lebensgefährten ge-

währt die Rechtsordnung keinen Unterhalt und kein gesetzliches Erb- oder Pflichtteilsrecht. Er kommt im gesetzlichen Erbrecht grundsätzlich nicht vor. Dies gilt auch dann,
wenn er derjenige war, der in den letzten Lebensjahren dem
Erblasser hingebungsvoll beigestanden hat. Nur die Bluts-
verwandtschaft oder der Eheschluß stellen grundsätzlich eine rechtlich relevante Verbindung her.

Früher galt darüber hinaus noch der Grundsatz, daß dieses
so genannte »Geliebtentestament«, bei dem man den außerehelichen Partner im Testament bedachte, sittenwidrig sei,
weil eine derartige Zuwendung nur als Hergabe für die
außereheliche Hingabe erfolge. Dies hat sich mittlerweile
geändert. Heute gilt vielmehr der Grundsatz: Je länger eine
außereheliche Beziehung dauert, desto wahrscheinlicher ist
es, daß sich die gemeinsame Beziehung nicht nur auf das
Körperliche bezieht.

Dennoch ist eine testamentarische Versorgung nicht emp-
fehlenswert. Einerseits muß man ohnehin das Pflichtteilsrecht des angeheirateten Ehepartners und der Abkömmlinge bei der Bemessung der Zuwendung berücksichtigen. Im
Übrigen kommt es regelmäßig bei testamentarischen Zuwendungen zu Streit, da die Erbengemeinschaft aus Ge-
liebter, Ehefrau und Kindern hoch explosiven Sprengstoff
bereithält. Der richtige Weg ist deswegen, die Zuwendung
an die oder den Geliebten außerhalb der Erbengemeinschaft mit möglichst wenig Publizität und unter Beachtung
der Pflichtteilsrechte der Angehörigen sicherzustellen.

46 Durch Schenkungen auf den Todesfall oder durch Verträge zugunsten Dritter wie Lebensversicherungsverträge bei gleichzeitiger Dokumentation der achtenswerten Motive wird die Zuwendung – am Nachlaß und der Erbengemeinschaft vorbei – taktvoll und ohne Störungen auf die jeweilige Person übertragen.

Auch lebzeitige Übertragungen sind eine Überlegung wert. Dabei sollte man aber in gleichem Maße wie bei der Testamentsgestaltung auf die ausreichende Dokumentation der achtenswerten Motive achten. Nur im äußersten Notfall wird man auf eine besonders publizitätswirksame Zuwendung im Testament vertrauen. Dann ist es jedoch ratsam, den Vollzug durch eine Testamentsvollstreckung abzusichern, damit nicht die Familienangehörigen die Zuwendungen aus dem Gefühl der tiefen persönlichen Verletzung heraus verhindern. Der Testamentsvollstrecker ist verpflichtet, das Testament zügig zu vollziehen, ohne daß die Erben durch eine Verzögerungstaktik über Jahre hinweg unter vorgeschobenen Gründen die Auszahlung des Deputats verhindern können. Gleichzeitig hält der Testamentsvollstrekker Familie und Geliebte auf Distanz. Der »Königsweg« ist jedoch die lebzeitige Versorgung, die Versorgung über Schenkungen auf den Todesfall oder über Verträge zugunsten Dritter, die so diskret sein können, wie es Alice Keppel war.

Finanzielle Sorgen mußte Alice Keppel nach dem Tode des Königs allerdings nicht haben. Edward VII. hatte sie in den

zwölf Jahren ihrer Verbindung großzügig mit Geschenken
überhäuft. Seine Verbindungen konnten sie und ihr Ehemann (den gab es auch noch) auch für geschäftliche Beziehungen und Investitionen nutzen, so daß sie zum Zeitpunkt
des Todes von Edward VII. eine vermögende Dame war.
Nach dem ersten Weltkrieg in den zwanziger Jahren des
letzten Jahrhunderts erwarb sie nahe Florenz den stattlichen
Landsitz Villa dell'Ombrellino und führte dort ein großzügiges und abgesichertes Leben.

ALFRED NOBEL

Der Schwede Alfred Nobel (1833 bis 1896) erfand das Dynamit, hielt 355 Patente, baute ein Weltunternehmen auf und war seinerzeit einer der reichsten Männer der Welt. Dennoch wäre er heute vergessen, hätte er nicht testamentarisch verfügt, daß nach seinem Tode fast sein ganzes Vermögen aus dem Firmenimperium abgezogen und in eine Stiftung eingebracht werden sollte, dessen Erträge »alljährlich als Preise an Personen vergeben werden sollen, die der Menschheit den größten Dienst geleistet haben«. Der Nobelpreis hat ihn unsterblich gemacht.

Die nachfolgenden Erbstreitigkeiten mit der Familie sowie die Installation der Nobelstiftung dauerten mehr als vier Jahre. Erst am 10. Dezember 1901 konnten erstmalig die Nobelpreise feierlich verliehen werden. Die Gründe für diese Verzögerung der Nobelpreis-Idee lagen in der laienhaften, schon die damals eindeutigen praktischen Erfahrungen der Kautelarjurisprudenz mißachtenden Erbregelung von Alfred Nobel. Sie verletzte das erbplanerische Postulat, Institutionen, die nach dem Todesfall sofort funktionieren sollten, nicht erst durch Testament nach dessen Eröffnung in Gang zu setzen. Vielmehr müssen diese Institutionen schon zu Lebzeiten eingeübt und umgesetzt werden. Das ist erforderlich, um den notwendigerweise juristisch abstrakt formulierten Testamentswillen personell und verfahrens-

mäßig in den Einzelheiten der Durchführung schon zu Lebzeiten in der Praxis zu testen. Korrekturmöglichkeiten sind
dem Stifter logischerweise nach dem Tode nämlich nicht
mehr möglich, während er beim lebzeitigen Probelauf noch
korrigierend eingreifen, seine Absichten präzisieren und gegebenenfalls personelle Konsequenzen ziehen kann.

Alfred Nobel verstarb 63jährig am 10. Dezember 1896 in
seiner Villa in Ascona in Anwesenheit nur seiner Bedien-
steten. Er war unverheiratet, hatte keine Kinder, das Verhältnis zu seiner Familie war kompliziert und nicht immer
streitfrei gewesen.

In seinem in Paris in Anwesenheit von vier Zeugen unter-
zeichneten Testament vom 27. November 1895 hinterließ er
seinen Verwandten und engsten Vertrauten insgesamt nur
eine Million Schwedische Kronen. Aus seinem Weltkonzern
sollte die wesentliche Substanz seines Vermögens von 32
Millionen Schwedische Kronen entnommen und – in sichere Staatsanleihen angelegt – in eine Stiftung eingebracht
werden. Aus den Erträgen sollten die von ihm damals vorgesehenen fünf Nobelpreise jährlich vergeben werden.

Zwar hatte Alfred Nobel schon 1893 öffentlich angekün-
digt, von Todes wegen einen Friedenspreis stiften zu wollen.
Von der Größe und dem Umfang des Legats sowie der
außergewöhnlichen Zielsetzung wußte jedoch niemand. Im
Testament fehlten beim Vermächtnis für die Nobel-Stiftung
die Statuten sowie Anordnungen über die Abwicklung der

Preisvergabe. Sachkundigen Rat zu seiner Erbregelung hatte Nobel nicht eingeholt, obwohl dies bei der Einmaligkeit
seiner Zielvorstellungen, bei der Größe des gestifteten Vermögens und der Internationalität des Erbfalles objektiv un-
bedingt erforderlich gewesen wäre. Schon in der damaligen
internationalen Stiftungspraxis hatte sich nämlich heraus-
gestellt, daß Stiftungen von Todes wegen zu scheitern dro-
hen; deshalb wurden Legate an Akademien regelmäßig zu
Lebzeiten verliehen.

Diese schon damals geltenden Erfahrungen hatten sich
zwischenzeitlich bewahrheitet. Heutzutage kommt in
Deutschland hinzu, daß die Ausstattung gemeinnütziger
Stiftungen zu Lebzeiten zusätzlich erhebliche Steuervorteile bringt. Zwar ist die Zuwendung in beiden Fällen erb-
schaft- beziehungsweise schenkungsteuerfrei, die lebzeitige
Stiftung ist jedoch außerdem bei der Einkommensteuer zusätzlich abzugsfähig. Nach Steuern verbleibt so zu Lasten
des Fiskus wesentlich mehr für den Stifter und letztlich für
die Stiftung übrig.

Im Erbfall Alfred Nobel ging die von der Erbregelung über-
raschte Familie gegen das Testament an. Ein Neffe des Erblassers sorgte sich um die Folgen der Schwächung des
Unternehmens durch Liquiditätsentzug und die Auswirkungen auf die Börse.

Weil Alfred Nobel Wohnsitze in verschiedenen Ländern
hatte, mußte das nationale Erbstatut für seinen Nachlaß er-

52 mittel werden (Kollisionen von Wohnsitz, Domizil, Staatsbürgerschaft, Nachlaßeinheit, Nachlaßspaltung und Lex rei sitae). Verschiedene Staaten machten zudem Erbschaftsteueransprüche geltend. Durch heimliche, illegale Verbringung der wichtigsten Dokumente aus Frankreich nach Schweden versuchte der Testamentsvollstrecker, den Nachlaß dem Zugriff des französischen Fiskus zu entziehen.

Die unvorbereitete Öffentlichkeit bekämpfte das Projekt zunächst vehement. Heute allerdings ist der Nobelpreis allgemein weltweit anerkannt.

Abschließend kann man aus dem Fall Alfred Nobel lernen, daß internationale Erbfälle zur Vermeidung erbrechtlicher Kollisionen und erbschaftsteuerlicher Doppelbesteuerung immer sorgfältiger Planung durch Experten bedürfen. Stiftungen sollten stets zu Lebzeiten errichtet werden, um ihre Funktionsfähigkeit für den Todesfall zu sichern und Steuervorteile zu optimieren.

Diese Empfehlungen gelten auch für andere Fälle, in denen Erbregelungen Institutionen wie Beirat und Testamentsvollstrecker vorsehen, die beim Erbfall sofort funktionsfähig sein müssen. Einem lebzeitigen Rotweinbeirat (nach seiner bisher wichtigsten Sitzungsaufgabe benannt) fehlen im Ernstfall nach dem Tode des Erblassers die individuellen personellen und sachlichen Erfahrungen für unternehmerische Entscheidungen. Testamentsvollstrecker, die von ihrem Glück erst nach dem Tod des Erblassers bei der Testamentseröffnung erfahren, brauchen Einarbeitungszeit. Werden sie von der Benennung überrascht, sind Aufgabenstellung, Haftung und Vergütung nicht geregelt, so besteht die Gefahr, daß sie das Amt nicht annehmen oder nach näherem Hinsehen hinwerfen.

Hätte Alfred Nobel das alles bedacht, hätte schon 1897, also vier Jahre früher, am ersten Todestag die erste Verleihung der Nobelpreise stattfinden können.

Familiengesellschaft Benteler

☐ Internationales Stahlunternehmen mit
Hauptsitz in Bielefeld

☐ In diesem Erbfolgestreit beteiligt:
Helmut Benteler
Erich Benteler
Rolf Peter Benteler

BENTELER

Erbfolgeplanung ist letztlich nur erfolgreich, wenn ihr die Quadratur des Kreises von Recht, Steuern, Psychologie und Wirtschaftlichkeit gelingt. Ein Optimum von Steuerersparnis durch vorweggenommene Erbfolge muß menschlich auf Schenker und Beschenkten abgestimmt sein, muß zudem mögliche alternative Geschehensabläufe berücksichtigen, muß vor allen Dingen Streit vermeiden, ja sogar unterdrücken. Was bei einer unkoordinierten maximalen Steuergestaltung in der Praxis alles schiefgehen kann, zeigt der Fall Benteler.

Im Jahr 1990 mußte aufgrund eines Urteils des Bundesgerichtshofes Rolf-Peter Benteler seinem Vater Helmut wegen »groben Undanks« die ihm siebzehn Jahre vorher geschenkte Unternehmensbeteiligung im Werte von mehr als 50 Millionen DM zurückgeben.

Eigentümer des Bielefelder Stahlkonzerns waren 1970 die Brüder Helmut (damals 53 Jahre) und Erich Benteler (damals 56 Jahre) – der ältere war Aufsichtsratsvorsitzender, der jüngere Vorstandsvorsitzender. Um beim Todesfall drohende Erbschaftsteuer zu sparen, schenkte Helmut B. seinem Sohn (damals 23 Jahre) 80 Prozent seines unternehmerischen Vermögens, das er aus erbschaftsteuerlichen Bewertungsgründen gestaltend in eine KG einbrachte. Deren

Komplementär wurde er, während sein Sohn einziger Kommanditist war. Sein Bruder mit seinen beiden Söhnen verfuhr mit seinem Stamm in einer anderen KG entsprechend.
Gegenüber der Hausbank erklärten die Kommanditisten,
daß Entscheidungen von Relevanz weiterhin allein von den
Senioren getroffen würden.

Zwischen den Kommanditisten der beiden KGs und Helmut Benteler kam es nach 1980 zunehmend zu Schwierigkeiten, wobei schon außergerichtlich Anwälte eingeschaltet
wurden. Zwischen Helmut Benteler und seinem Sohn eskalierten diese Auseinandersetzungen in mehreren Gerichtsverfahren. Rolf Peter Benteler, der seit 1980 als leitender
Mitarbeiter in der AG angestellt war (das Arbeitsverhältnis
wurde später von der Finanzverwaltung nicht anerkannt),
wurde 1982 wegen Spesenbetrugs fristlos entlassen. In seiner Kündigungsschutzklage trug er vor, sein Vater selbst habe ihm geraten, privaten Aufwand über das geschäftliche
Spesenkonto abzurechnen, dieser verfahre selbst so. Wegen
des Streites zwischen Vater und Sohn nahm sich die Ehefrau von Helmut Benteler und Mutter von Rolf Peter Benteler Anfang 1983 das Leben. Helmut Benteler erlitt gleichzeitig einen schweren Herzinfarkt.

Nachdem danach der Versuch gescheitert war, den Familienfrieden durch eine Schiedsvereinbarung wieder herzustellen, drohte der Sohn, in dem weiter betriebenen Arbeitsgerichtsverfahren die Verrechnungspreispraktiken im
Konzern öffentlich darzustellen. Er verlangte zudem ge

sellschaftsrechtliche Auskunft von seinem Vater über möglicherweise den Steuerbehörden unbekannte Auslandsge-
sellschaften des Konzerns. Im gleichzeitig laufenden steu-
erstrafrechtlichen Ermittlungsverfahren belastete er seinen
Vater schwer. All dieses waren zusammen mit den anderen
Aktionen – wie das OLG Hamm und der Bundesgerichtshof feststellten – von langer Hand mit der Hilfe von Anwälten vorher geplante Teile einer Nadelstichpolitik, die
darauf abstellten, den Einfluß des Vaters im Unternehmen
zurückzudrängen und ihn zu entmachten.

Die Gerichte kamen nach zehn Jahren Streit und fünf Pro-
zeßjahren unter Abwägung des Verhältnisses zwischen dem
Sohn, der sich auf seine Gesellschaftsrechte berief, und
dem Vater zu dem Schluß, daß der Sohn Rolf Peter Benteler seinem Vater Helmut Benteler aufgrund dessen Wider-
rufs wegen groben Undanks die geschenkte Unternehmensbeteiligung zurückübertragen mußte.

Von beiden Seiten wurden in den zahlreichen gerichtlichen
und außergerichtlichen Verfahren viele prominente Anwälte und Gutachter mandatiert. Auch der Fiskus dürfte – dank
der Unterstützung der Beteiligten – reiche Beute gemacht
haben. Sicherlich hat aber auch das Unternehmen, das heute wieder floriert, durch die jahrelange Ablenkung seiner
Führungskräfte schwer gelitten. Menschlich war der Streit
eine Katastrophe für die ganze Familie.

58 Analysiert man den Fall, wird man zunächst feststellen, daß die vorweggenommene Erbfolge durch Schenkung zu früh erfolgt und zuviel Substrat umfaßt hatte. Eine erste unternehmerische Schenkung sollte dem Schenker grundsätzlich das Sagen im Unternehmen lassen, nicht nur artifiziell durch rechtliche Konstruktionen wie Komplementär, Mehr-Stimmrechte oder Stimmrechtsbindungsverträge. Das bedeutet, daß der Schenker ohne den Beschenkten auch zustimmungspflichtige Geschäfte abwickeln kann. Dementsprechend muß die Gesellschaftssatzung vor der Schenkung kontrolliert und gegebenenfalls geändert werden.

Dieser Grundsatz gilt insbesondere dann, wenn der Schenker – wie hier – noch eine längere Lebenserwartung hat und der Beschenkte mit 23 Jahren noch keine ausgereifte Persönlichkeit ist.

Das gilt vor allem auch dann, wenn – wie in diesem Fall – im Unternehmen zwischen den Gesellschafterstämmen eine Pattsituation herrscht. Dann ist nämlich damit zu rechnen, daß der andere Stamm – wie hier geschehen – den Junior des einen Stammes gegen dessen Senior unterstützt und der Junior damit liebäugelt, seine die Mehrheit vermittelnde Beteiligung an die andere Seite teuer zu verkaufen.

Offensichtlich spielen in diesen Streit aber auch Elemente des natürlichen Generationenkonflikts herein, die bei der rein steuerlichen Gestaltung der Generationenübergänge der Hauptvermögensteile nicht präventiv berücksichtigt wurden.

Schließlich scheint auch die Ausbildung des Sohnes zum Unternehmer nicht optimal gewesen zu sein, wie das Scheinarbeitsverhältnis mit der AG zeigt.

Das für alle Beteiligten unangenehme öffentliche Gerichtsverfahren mit der schmerzhaften Offenbarung höchst persönlicher Intima zur Abwägung des groben Undanks hätte man durch entsprechende Widerrufsvorbehalte im Schenkungsvertrag vermeiden können, etwa eine sonst selten zu empfehlende erbrechtlich und erbschaftsteuerlich wirksame, einkommensteuerlich unwirksame absolute Widerrufsklausel oder eine Berufszielklausel, die den Junior verpflichtet hätte, sich zunächst innerhalb eines bestimmten Zeitraumes in einem fremden Unternehmen zu bewähren (Prokura).

Die Quintessenz ist, Streitvermeidung hat bei der Planung vorweggenommener Erbfolge Vorrang vor Erbschaftsteuerersparnis. Eine unangemessene Maximierung der Steuervorteile verstellt den notwendigen Blick für das persönlich und unternehmerisch Optimale.

GRACE KELLY

Grace Kellys Vater, der Multimillionär Jack Kelly, hinterließ seinen Kindern nicht nur sein Vermögen, sondern auch noch ein außergewöhnliches Testament. In Abwendung von den üblichen juristischen Förmlichkeiten und steuerlichen Zwängen bediente er sich einer einfachen verständlichen Sprache und erklärte zudem die Motive für seine individuellen Erbregelungen.

Neben den materiellen Dingen versuchte er, auf seiner Lebenserfahrung aufbauend, seinen Kindern auch ethische Werte zu vermitteln, und gab den einzelnen Erben wohlgemeinte Ratschläge mit auf ihren zukünftigen Lebensweg (Ethik-Testament). Seinem Sohn John riet er zum Beispiel, bei Spiel und Wetten nie zu versuchen, Verluste durch Weiterspielen wieder hereinzuholen.

Grace Kelly (1929 bis 1982) war eine berühmte amerikanische Filmschauspielerin (Filme: *12 Uhr mittags*, *Das Fenster zum Hof*, *High Society*, *Der Schwan*, *Das Mädchen vom Lande*). Sie heiratete 1956 Fürst Rainier III. von Monaco und nannte sich Gracia Patricia. Sie verstarb 1982 durch einen tragischen Autounfall und wird noch heute von den Monegassen in einem gepflegten Rosengarten bei Monte Carlo, der ihren Namen trägt, verehrt.

Ihre Eltern waren John Brendar (Jack) Kelly (1890 bis 1960), der von irischen Einwanderern abstammte, und Margarete Majer Kelly (unter deren Vorfahren deutsche Adelige waren). Jack Kelly selbst war eine bekannte vielseitige Persönlichkeit mit großer Durchsetzungskraft und geschicktem Selbstdarstellungsvermögen. Seinen großen wirtschaftlichen Erfolg stellte er publizitätswirksam unter die Überschrift »Vom Maurer zum Bauunternehmer«. Dabei hatte er einen Teil seiner Jugend ausschließlich dem Rudersport gewidmet, ebenfalls mit großem Erfolg (Goldmedaille bei den Olympischen Spielen 1920 in Antwerpen im Einer und zusammen mit seinem Cousin 1920 in Henley und 1924 in Paris im Zweier), nachdem er vorher von den Vorentscheidungen in Henley wegen seiner niederen Herkunft vom Establishment ausgeschlossen worden war.

Seine Lebenserfahrung fand Niederschlag in seinem mit grüner Tinte blumenreich in einfacher verständlicher Sprache geschriebenen Testament. Zur Begründung seines Sonderweges bei der Testamentssprache beruft er sich auf seine Erfahrung, daß der herkömmliche Text von Testamenten in ihrer hölzernen Juristensprache und den vielen »Wenn« und »Aber« sich dem Laien nur schwer erschließe. Der Erblasser könne deshalb kaum feststellen, ob der Text wirklich seinen Letzten Willen wiedergebe, und die Erben würden durch diesen Text verwirrt. Er spricht deshalb nicht von seinen Abkömmlingen (issues), sondern von seinen Kindern (kids), und er vermeidet Stereotypen wie »nach Stämmen« (per stripes). Seine Hoffnung ist, daß seine

Testamentssprache verständlich und gleichzeitig rechtlich
wirksam ist.

Tatsächlich ist diese Balance zwischen Verständlichkeit und
Wirksamkeit kaum zu erreichen: Im deutschen Recht sehen
die sorgfältig formulierten Testamente aus Gründen der
rechtlichen Klarheit und manchmal auch aus steuerlichen
Motiven ähnlich verwirrend aus wie in Amerika. Das hat
mehrere Gründe: Rechtsbegriffe sind nämlich oft Kürzel,
die bestimmte Bündel von Rechtsfolgen indizieren, die in
der Laiensprache somit einer wortreichen Erklärung bedürfen. Ein Beispiel mag dies verdeutlichen:

Bei den häufigen und beliebten »gemeinschaftlichen Ehegattentestamenten« hängt die Verfügungsbefugnis des überlebenden Ehegatten über das ererbte und sein eigenes Vermögen davon ab, ob die Kinder beim zweiten Erbgang
»Nacherben« (nachteilig) oder »Schlußerben« (vorteilhaft)
werden. Umgekehrt ist der »Nacherbe« besser abgesichert
als der »Schlußerbe«. Der Unterschied wird dementsprechend bei der Entscheidung, ob beim ersten Erbfall von
den Kindern oder der Ehefrau Pflichtteilsansprüche geltend gemacht werden sollen, bedeutsam. In Verkennung
dieser unterschiedlichen Rechtswirkungen wird von den
Laien oft der zweite Erbgang einfach ohne Vorsilbe mit »erben« umschrieben, wodurch eine juristische Auslegung erforderlich ist, die im Zweifel zugunsten der Schlußerbschaft
erfolgt, also zugunsten des überlebenden Ehegatten und zu
Lasten der Kinder.

64   Wirklich gewollt ist bei den Ehegattentestamenten aus Sicherheitsgründen eine weitgehende Freiheit des Ehegatten, also eine Schlußerbenverfügung. Oft ist zusätzlich eine teilweise Befreiung der in beiden Fällen (Nacherbe oder Schlußerbe) sonst eintretenden Beschränkungen des überlebenden Ehegatten in seiner Testierfreiheit gewollt, um in gewissem Umfang Fürsorge einzelner Kinder zu belohnen und die Vernachlässigung durch andere Kinder zu bestrafen. In ein Ehegattentestament gehört also die eindeutige Bezeichnung für den zweiten Erbgang als »Schlußerbschaft« oder »Nacherbschaft« und gegebenenfalls zusätzlich eine Öffnungsklausel für die teilweise Testierfreiheit des überlebenden Ehegatten.

Ein anderes Hindernis für die Formulierung einfacher Testamente ist die praktische Notwendigkeit, in den letztwilligen Verfügungen alternative Geschehensabläufe zu berücksichtigen, etwa das Vorversterben von Kindern (Ersatzerbenregelung) oder der Verkauf des Unternehmens (Wegfall der Vorzugsbehandlung des Nachfolgers).

Das Fazit ist: Ein einfach formuliertes und verständliches Testament bedarf einer besonderen und sorgfältigen Beratung. Als Alternative bietet sich ein Begleitbrief zum Testament an, in dem man die Motive der Erbregelung den Erben klar machen und Tips für die Erbteilung geben kann. Dabei muß jedoch aufgepaßt werden, daß zwischen dem Testament und dem Begleitbrief keine Diskrepanzen auftauchen, die zu Auslegungsschwierigkeiten führen können.

In dem Begleitbrief selbst muß betont werden, daß das Testament immer Vorrang hat. Noch besser ist es allerdings,
die Erbregelung nicht zur geheimen Kommandosache zu
machen, sondern sie lebzeitig offen mit den Erben gemeinsamen zu diskutieren. Keine Lösung ist eine Präambel zum
Testament, weil sie Widersprüche in das Testament trägt.

Um den Lesern die leichte Hand des Schreibens von Testamenten nach Art des Jack Kellys vorzuführen, sei auf die
Passage an die Adresse der sonst allgemein ungeliebten
Schwiegersöhne hingewiesen: Er tröstet sie darüber, daß sie
von ihm nicht bedacht wurden, damit, daß sein Erbe an seine Töchter diesen ermögliche, die Rechnungen für ihre Mo-
dellkleider selbst zu bezahlen und so die Ehemänner entsprechend zu entlasten; er wisse aus eigener leidvoller Erfahrung, daß das keine Bagatelle sei.

Das ethische Testament (beziehungsweise ein entsprechender Begleitbrief) entspringt einer alten jüdischen Tradition
und ist ein Liebesbrief der Verstorbenen aus dem Jenseits.
Er kann so einfache Wünsche enthalten, wie »doch nicht zu
vergessen, den 74 Jahre alten unverheirateten Onkel wöchentlich anzurufen und monatlich einmal zu besuchen«.

HEINRICH HEINE

Der Dichter Heinrich Heine (1797 bis 1856) hatte eine stark ironische, satirische Ader. Sie prägt nicht nur seine Lyrik, sondern auch seine doppelte Begegnung mit dem Erbrecht, als Erbe und als Erblasser.

In Düsseldorf geboren, studierte Heinrich Heine in Bonn, Göttingen und Berlin die Rechte und trat anschließend vom jüdischen Glauben zum Protestantismus über. In den »Reisebildern« (1826 bis 1831) stehen sprunghaft impressionistische Plaudereien genauen Natur- und Lebensbeobachtungen mit sarkastischer und satirischer Schärfe gegenüber. Seinen Weltruhm begründete er mit der Gedichtsammlung »Buch der Lieder« (1827) im Ton der Stimmungsmalerei, mit den eigenen Gefühlen spielend, gekoppelt mit Selbstironie und Märtyrerpose unglücklicher Liebe.

Als Korrespondent der »Augsburger Allgemeinen Zeitung« ging er 1831 nach Paris und heiratete dort eine Französin, Mathilde Crescence Mirat. Mit seinen Zeitungsbeiträgen versuchte er, zwischen Deutschland und Frankreich zu vermitteln. Heines Schriften wurden in Deutschland durch den Bundesratsbeschluß gegen das Junge Deutschland 1835 verboten. 1843 spottete er in »Atta Troll« über die politische Gesinnungs- und Tendenzliteratur. In »Deutschland, ein

Wintermärchen« stellte er 1844 mit beißendem Witz deutsche Schwächen bloß.

Er verstirbt in Frankreich im Alter von 58 Jahren nach langjährigem Krankenlager (»Bettengruft«) an Rückenmarktuberkulose und wird auf dem Friedhof Montmartre begraben.

Heines schriftstellerischen und journalistischen Einkünfte reichten niemals aus, um seinen Lebensunterhalt und den seiner Ehefrau zu decken. Er war deshalb immer auf fremde Unterstützung angewiesen.

Von 1837 bis zum Februar 1848 erhielt er eine Jahresrente von 4.800 französischen Franc vom französischen Außenministerium als Dank für seine Unterstützung der Sache der Revolution. Von seinem reichen Onkel, dem hamburgischen Bankier Salomon Heine, erhielt er bis zu dessen Tode eine Jahresrente, von der er und seine Frau größtenteils lebten. Kurz nach dessen Tod schrieb er über seinen Onkel: »Dieser Mann hat eine große Rolle in meiner Lebensgeschichte gespielt und soll unvergeßlich geschildert werden. Welch ein Herz, welch ein Kopf!«

Sein jüngerer Vetter Carl teilte ihm aber dann in hochfahrendem Ton mit, sein Onkel Salomon habe ihm, Heinrich Heine, testamentarisch nur 15.000 Franc hinterlassen. Der Vetter machte eine deutlich reduzierte Jahresrente davon abhängig, daß Heinrich die Erbschaft als verzinstes Guthaben bei ihm stehenließ. Als Auflage bestimmte er, daß

Heinrich Heine jede öffentliche Aussage über seinen Onkel Salomon vorher mit der Familie in Hamburg abstimmen müßte.

Heine empfand dieses Verhalten als »Verrath«, wobei ihn nicht nur das Gefühl der fortdauernden finanziellen Abhängigkeit schmerzte, sondern vor allem die Tatsache. daß es offensichtlich niemand in der Familie gab, der seine Bedeutung als Schriftsteller zu würdigen wußte. Man betrachtete seine Zeitungsartikel und seinen Lebenswandel als nicht zu kalkulierende Gefahr für den Leumund einer ehrenwerten hanseatischen Kaufmannsfamilie.

Bis zum Äußersten war er entschlossen, dagegen vorzugehen, einen »Todeskampf« wollte er beginnen und neben den Gerichten auch die öffentliche Meinung für sich gewinnen, falls sein Vetter nicht nachgab. Er wollte sein Recht und müßte er es mit seinem »Tode besiegeln«.

Dieser Erbstreit fand in der Presse, von Heinrich Heine geschürt, ein breites Echo: Ein langer und zäher Familienstreit begann, der sich anderthalb Jahre hinzog.

Der Disput fand ein trauriges Ende in der Bettelei Heinrich Heines gegenüber seinem Vetter Carl, in seinem zweiten Testament vom 13. November 1859 doch wenigstens seiner sonst unversorgten Ehefrau den hälftigen Rentenbetrag nach seinem Tode gnädig weiter zu gewähren.

70   Die allgemeine Schlußfolgerung aus diesem Erbstreit ist, daß ein Erblasser, wie der großzügige Bankier Salomon Heine, dafür sorgen muß, daß seine besondere lebzeitige Vorsorge für bedürftige Personen nicht nach seinem Tode in die Disposition kleinlicher rachedurstiger Erbsenzähler gerät. Sonst besteht die Gefahr, daß die bisher großzügig Unterstützten ins Bodenlose abstürzen. Anzuraten ist eine schon lebzeitige Regelung auf den Todesfall, wobei automatische Kautelen einen Zugriff auf das Kapital verhindern.

In der amerikanischen Literatur wird (ohne Nachweis) Heinrich Heine unter einem anderen erbrechtlichen Aspekt, als Erblasser, mehrfach eine Wiederverheiratungsklausel in seinem Testament zugeschrieben. Diese ist zweifellos im zweiten Testament vom 13. November 1859 nicht enthalten, paßt auch nicht in dessen Kernthema, die besorgte Sicherstellung der Versorgung seiner Ehefrau. Auch sein früheres Testament von 1846 enthält keine solche Klausel. Möglicherweise ist diese amerikanische Zuschreibung auch nur eine Personifikation aus dem umfangreichen satirischen, jüdischen Witzearsenal mit der ironischen Person Heinrich Heines.

Mit Wiederverheiratungsklauseln hat es allgemein folgende Bewandtnis: Von alters her sind in den Formularbüchern für Testamente solche Wiederverheiratungsklauseln vorgesehen. Zumeist wird für diesen Fall eine »Enterbung« der Witwe oder eine wesentliche Verringerung des Erbteils oder der laufenden Zuwendungen an sie vorgesehen. Diese

Klauseln sind vermutlich indogermanischen Ursprungs. Sie gehen möglicherweise auf das indische Sterberitual zurück, das die Verbrennung der Witwe zusammen mit dem Leichnam des Ehegatten auf einem Holzstoß vorsieht.

Man wird sich heute fragen müssen, ob eine derartige Regelung je sachgemäß war und noch zeitgemäß ist. Ihre Umgehung, die Onkel-Ehe, ist juristisch einwandfrei nicht zu erfassen, ihre Förderung durch eine solche Wiederverheiratungsstrafe unerwünscht.

Möglicherweise ist es für die gemeinsamen minderjährigen oder halbwüchsigen Kinder viel besser, wenn ein legitimierter Vater der Mutter zur Seite steht. Vielleicht ist auch für die ältere Witwe und die Familie eine Wiederverheiratung vernünftig. Eine Relativierung der Forderung nach einer Wiederverheiratungsstrafklausel tritt häufig in der Beratung dann ein, wenn man fragt, ob sich der Testator selbst ähnlichen Beschränkungen, wie er sie seiner Frau auferlegen will, unterwerfen würde.

Trotzdem ist eine Wiederverheiratungsklausel in allen Testamenten immer noch angebracht – nicht als Strafe, sondern zur Vermeidung von Interessenkollisionen zwischen dem Stiefvater oder der Stiefmutter und eventuellen Kindern aus zweiter Ehe einerseits und den gemeinsamen leiblichen Kindern andererseits. Für diesen Fall bieten sich eine Pflegerbestellung, Anordnungen für den überlebenden Elternteil, den Vormund oder eine Testamentsvollstreckung an.

72 Paradoxerweise soll Heinrich Heine in einem Testament eine »umgekehrte« Wiederverheiratungsklausel gewählte haben: Er habe angeordnet, daß seine Witwe Alleinerbin würde unter der Bedingung, daß sie sich wieder verheirate.
Nach dem Sinn solcher verkehrten Klausel gefragt, habe er
geantwortet: »Ich will damit nur sicherstellen, daß später
einmal wenigstens ein Mann auf dieser Welt meinen Tod
bedauert.«

HENRY FORD II

Besonders bei größeren Vermögen kann eine Dauertestamentsvollstreckung für die Erben sinnvoll sein, so wenn Kinder verschiedener Ehen oder Stiefmutter und Kinder in einer Erbengemeinschaft aufeinandertreffen. Auch bei unternehmerischem Vermögen kann die Testamentsvollstreckung nützlich sein, wenn sie richtig eingestellt ist. Den Testamentsvollstreckern kommt dabei ein weiter, aber pflichtgemäß auszuübender Ermessensspielraum in der Vermögensanlage und bei der Höhe der Ausschüttungen zu.

Ähnlich sah dies auch Henry Ford II., Enkel des berühmten Henry Ford, dem Begründer der Ford Automobilwerke, Erfinder der seriellen automobilen Massenproduktion und des Volksautos. Henry Ford II. verstarb am 29. September 1987. Er stand dem Unternehmen von 1945 bis 1979 vor. 1956 führte er es an die Börse.

Er war bekannt für einen ruppigen Managementstil, der einerseits sehr kreativ war, aber andererseits auch die unternehmerische Entwicklung des Unternehmens zurückwerfen konnte. So verstand er es, so große Persönlichkeiten wie Robert McNamara, den späteren Verteidigungsminister der Vereinigten Staaten von 1961 bis1968 unter Präsident Kennedy und Johnson, an Ford zu binden, und er holte Lee Iacocca, den Designer des Ford Mustang in das Unternehmen, den er aber 1978 wegen persönlicher Differenzen kurzerhand wieder aus dem Unternehmen warf. Bekannt war er auch für seine Aphorismen. Überliefert ist seine Definition der Rechtsfigur des stillen Teilhabers: Hierunter sei ein Mann zu verstehen, der keinen Krach schlägt, wenn er Geld verliert.

Henry Ford II. war insgesamt dreimal verheiratet. In dritter und letzter Ehe war er mit dem Model Kathleen King Duross verheiratet, die mehr als zwanzig Jahre jünger war als er. Das Verhältnis der letzten Ehefrau zu Fords Kindern aus früheren Ehen war sehr gespannt. Dies zeigte sich zum Beispiel daran, daß keines der Kinder zu ihrer Hochzeit im Jahr 1980 erschien. Ford hatte seine Erbfolge, wie in den Vereinigten Staaten üblich, über einen Trust geregelt, der sein Vermögen von rund 350 Millionen Dollar aufnahm. Zu dem Vermögen dieses Trust gehörte auch die stimmberechtigte Beteiligung von 8 Prozent an der Ford Motor Company.

Das deutsche Recht kennt die Rechtsfigur des Trust nicht. Am ehesten vergleichbar damit ist eine vermögensverwaltende Dauertestamentsvollstreckung. Fords Nachfolgeregelungen sahen vor, daß die Erträge seines Vermögens während des restlichen Lebens seiner Witwe ausschließlich ihr zustehen sollten mit einer garantierten Mindestausschüttung von 1,5 Millionen Dollar inflationsgesichert und nach Steuern pro Jahr. Im übrigen waren die Testamentsvollstrecker befugt, nach ihrem Ermessen ihr nicht nur Ertrag, sondern auch Vermögen aus dem Trust zukommen zu las- sen, wenn dies zur Aufrechterhaltung ihres Lebensstandards nötig war.

Nach ihrem Tode sollte das Vermögen nicht an seine drei Kinder verteilt werden, sondern an die dann lebenden Enkel. Dieses Vermögen sollte durch ein Dreiergremium gemeinsam verwaltet werden: Ein Verwalter sollte die Witwe sein. Als Vertreter der Familie sollte sein Sohn Edsel Ford ebenfalls Mitverwalter sein.

Das Zünglein an der Waage als unabhängiger Interessenwahrer zwischen den Interessen der Witwe und der Kinder sollte zusätzlich ein Detroiter Geschäftsmann namens Martin Citrin sein. Pikanterweise war dessen Ehefrau eine enge Freundin der Witwe. Als Ersatzverwalter hatte Henry Ford noch William Donaldson, Gründer der Wall Street Investment Bank Donaldson, Lufkin & Jenrette, vorgesehen, der auch Staatssekretär unter den Präsidenten Nixon und Ford gewesen und ein enger Freund von Henry Ford II. war. Als der Detroiter Geschäftsmann unerwartet durch Selbstmord verstarb, sollte Donaldson nachrücken, was die Familie sehr begrüßte, aber die Witwe entsetzte, da sie wohl die Möglichkeit der Majorisierung des Testamentsvollstreckergremiums im Sinne ihrer Interessen als gefährdet ansah. Sie ließ von ihren Anwälten vortragen, daß sie nicht wolle, daß er das Amt anträte, denn er hätte sich geweigert, das Amt ohne eine Vergütung von mindestens einer Million Dollar pro Jahr zu übernehmen.

Der Sohn Edsel Ford und der Rest der Ford-Familie unterstützten wegen der Integrität und engen Freundschaft von Donaldson zu Henry Ford II. das Nachrücken von Donaldson uneingeschränkt. Sie trugen vor, daß Kathleen Ford die Berufung von Donaldson nur deswegen hintertreibe, weil sie seine Unabhängigkeit als Mitvollstrecker fürchte. Die Vergütungsfrage sei nur vorgeschoben. In Gerichtsverfahren ließen sie vortragen, daß Frau Ford Herrn Donaldson mitgeteilt habe, daß sie ihn nicht akzeptieren werde, solange er sich nicht bereit erklären würde, ausschließlich in ihrem persönlichen Interesse die Verwaltung zu übernehmen. Er konterte mit der zutreffenden Bemerkung gegenüber ihrem persönlichen Anwalt, daß dieser nicht mehr für den Nachlaß tätig werden könne, wenn er gleichzeitig Frau Ford persönlich beriete, denn dies löse unüberwindbare Interessenkollisionen aus. Schließlich wurde diese Angelegenheit vergleichsweise bereinigt. Das Gericht berief Herrn Donaldson zum Mitverwalter. Teil des Vergleichs war aber, daß er nur drei Jahre tätig sein durfte und dann im Einvernehmen zurücktrat.

Selbst wenn es tatsächlich in diesem Rechtsstreit nur um Vergütungsfragen gegangen wäre und nicht nur um die viel wichtigere Frage, wie die Macht in dem für die Familie und Witwe so wichtigen Verwaltungsgremium verteilt war, zeigt dieser Fall, daß die Nachfolgeplanung von Henry Ford mehrere Lücken enthielt. Ein Nachfolger für Donaldson war nicht von Henry Ford in seinen testamentarischen Regelungen benannt worden. Damit ist letztlich jemand zum

unabhängigen Interessenwahrer als Zünglein an der Waage
in dem Gremium benannt worden, der in keinerlei Vertrau-
ensbeziehung mehr zum Verstorbenen stand. Dies war sicherlich so nicht gewollt. Besser wäre es gewesen, mehrere
Ersatzpersonen zu benennen oder ein abstrakt formuliertes
Benennungsverfahren zu verankern, wie diese dritte Person
zu bestimmen sei. Die Witwe hätte schließlich nicht die
Möglichkeit gehabt, den engen Freund und die integere Persönlichkeit Donaldson aus dem Gremium herauszudrän-
gen, wäre die Vergütungsfrage ausdrücklich von Henry
Ford II. geregelt worden.

Bei der Größe des Vermögens ist dies auch nichts Unge-
wöhnliches, sondern wäre das normale Prozedere gewesen.
Henry Ford hatte einmal gesagt, daß er es als höchst uner-
freulich empfinde, wenn Familien ihre schmutzige Wäsche
in der Presse wüschen. Genau hierzu kam es jedoch. Über
lange Zeit konnten amerikanische Zeitschriften einschließlich des Wall Street Journal und die New York Times über
diesen Krieg um Geld und Macht berichten.

Der Henry Ford Fall zeigt uns sehr anschaulich, daß die beste Vermögensnachfolgeplanung zu scheitern droht, wenn
die Ämter falsch besetzt sind, insbesondere wenn die Erben
und die Testamentsvollstrecker sich von vornherein mißtrau-
en. Auch sollte man, wenn man an eine Testamentsvollstrek-
kung denkt, zu Lebzeiten die Testamentsvollstreckervergü-
tung klar regeln und diese Frage nicht abstrakten Gebüh-
rentabellen oder dem Ermessen von Gerichten überlassen.

HOWARD HUGHES

Am 5. April 1976 verstarb der Multimilliardär Howard Hughes auf dem Flug von Acapulco nach Houston und hinterließ neben einem Vermögen von etwa 2 Milliarden Dollar eine der größten Erbrechtsstreitigkeiten des letzten Jahrhunderts sowie zahlreiche Steuerverfahren.

Hughes, der aus einer texanischen Unternehmerfamilie stammte, die ihr Vermögen mit Bohrköpfen für die Ölindustrie gemacht hatte, vergrößerte sein Vermögen durch Investitionen in die junge Filmindustrie der zwanziger und dreißiger Jahre in Los Angeles und durch unternehmerische Engagements in der Flugzeugindustrie. Er wurde auch als der zweite Lindbergh bezeichnet und stellte in den dreißiger Jahren diverse internationale Fluggeschwindigkeitsrekorde auf. Schließlich verdankte ihm die Welt auch das größte jemals gebaute Wasserflugzeug, das jedoch außer einem Testflug im Jahre 1947 kein weiteres Mal zum Einsatz kam.

Ab Mitte der sechziger Jahre lebte Howard Hughes, der die Öffentlichkeit immer mehr mied und ein immer bizarreres Leben führte, nach Las Vegas zurück, wo er vier Casinos und eine Radiostation betrieb. In den letzten Jahren war er durch eine exzessive Todesangst geprägt. Er ließ wöchentlich seine Wohnräume desinfizieren, um sich vor Bazillen und Viren zu schützen. Bei persönlichen Begegnungen trug er stets einen aseptischen Mundschutz aus Furcht vor Erkältungen, die sich zu lebensgefährlichen Lungenentzündungen entwickeln könnten. Trotz aller Vorsichtsmaßnahmen verstarb er an Herzversagen im Zusammenhang mit einer Lungenentzündung an Bord eines Flugzeuges.

Da insgesamt 52 verschiedene Dokumente als Testamente auftauchten mit 400 Möchtegernerben, die ihren Anteil am Erbe beanspruchten, dauerte das Nachlaßverfahren fünfzehn Jahre und war außergewöhnlich teuer. Unter den vielen als Testament eingereichten Dokumenten sorgte eines für besonderes öffentliches Aufsehen. Weil es am Hauptsitz der Religionsgemeinschaft der Mormonen in Salt Lake City eingereicht worden war, wurde es in der amerikanischen Presse als »Mormonen-Testament« bezeichnet. Es wurde von einem gewissen Melvin Dummar eingereicht, der in diesem Dokument als Haupterbe bezeichnet war. Als Beruf gab er an: Tankstellenwärter, Milchmann und Bierkutscher. Er behauptete, Howard Hughes 1968 in desolaten Umständen in der Nähe eines berühmten Bordells in Nevada, der Cottontail Ranch, gerettet zu haben.

Nach einem siebenmonatigen Gerichtsverfahren entlarvte ein Gericht in Nevada das Mormonen-Testament als Fälschung. Nach insgesamt fünfzehn Jahren Rechtsstreitigkeiten stand fest, daß keines der eingereichten 52 Dokumente die amerikanischen Voraussetzungen eines gültigen Testaments erfüllten. Dementsprechend wurden lachende Erben die gesetzlichen Erben von Howard Hughes, seine

21 Neffen und Nichten, an die Hughes selbst niemals ge-
dacht hatte.

An Anwalts- und Prozeßkosten hatte das Verfahren 30
Millionen Dollar verschlungen. Seine Testamentsspiele-
reien, seine gleichzeitige Unfähigkeit, sich zu entscheiden,
seine Abneigung, professionellen Rechtsrat einzuholen, weil
er vor allem Anwälten besonderes Mißtrauen entgegen-
brachte, führte nur dazu, daß gerade sie lachende Begünstigte seines Vermögens wurden.

Damit aber nicht genug: Auch die Steuerbehörden, denen
Howard Hughes ebenfalls keine Zuneigung entgegenbrach-
te, profitierten von der Tatsache, daß es kein vernünftiges
Testament gab. Weil die amerikanischen Bundesstaaten
autonom jeweils eine eigene Besteuerungshoheit bei der
Erbschaftsteuer haben, nehmen sie jeweils das Weltvermö-
gen für ihre Domizilanten in Anspruch. So entsteht inner-
amerikanische Doppelbesteuerung, die wie bei dem gleichen Phänomen zwischen Nationalstaaten nicht ausgeglichen werden. Im Falle Hughes machten die
Bundesstaaten Texas und Kalifornien Ansprüche geltend.
Insgesamt dreimal beschäftigte sich der US Supreme Court
– auch in Steuersachen das oberste amerikanische Gericht –
mit den Steuern für den Nachlaß, nachdem wieder Millionen in Steueranwälte investiert werden mußten, um schließlich durch einen Vergleich auch dieses Verfahren zu been-
den. Danach bekam der Staat Texas 50 Millionen Dollar,
obwohl sich Howard Hughes nachweisbar seit 1926 weni-

ger als zwei Tage in Texas aufgehalten hatte. Kalifornien erhielt 44 Millionen Dollar sowie Grundstücke im Werte von 75 Millionen Dollar, gelegen neben dem Flughafen von Los Angeles. Der texanische Regierungsvertreter, der diesen Vergleich mit den Erben verhandelte, brüstete sich später damit, daß mit den erhaltenen Geldern die jährlichen Kosten vieler Regierungsbehörden des Staates Texas finanziert werden konnten.

Gerade letzteres Problem der Nachlaßabwicklung stellt sich zwar nicht innerhalb der Bundesrepublik Deutschland, jedoch innerhalb der EU in ähnlicher Weise wie in den Vereinigten Staaten. Die Ferienwohnung in Österreich oder der Zweitwohnsitz in Paris kann ungewollt dazu führen, daß nicht nur in einem Staat, sondern in mehreren Staaten Besteuerungsansprüche ausgelöst werden, die auch international durch Steueranrechnung kaum vermieden werden. Im Bereich der Erbschaft- und Schenkungsteuer ist das Doppelbesteuerungsabkommensnetz, das diese Besteuerungskonflikte vermeiden soll, sehr dünn geknüpft.

Die steuerlichen Gefahren, die man exemplarisch in dem Fall Howard Hughes lehrbuchartig aufzeigen kann, stellen sich damit in gleicher Weise auch für europäische Vermögen. Die Lehren aus der Nachlaßabwicklung Howard Hughes' sind, daß ein Testament zwar eine höchst private Angelegenheit ist, es jedoch nicht im Heimwerkerbetrieb erstellt werden sollte. Und sofern Testamente geändert oder ergänzt werden, was spätestens alle fünf Jahre ge-

schehen sollte, empfiehlt es sich, alte Testamente eindeutig
aufzuheben oder besser sogar noch zu vernichten.

Unklare und widersprüchliche Testamente, bei denen nicht
klargestellt ist, in welcher Rangfolge sie zueinander stehen,
sind der Quell unsäglicher und langwieriger Rechtsstreitigkeiten. Schließlich gehört zu einer Nachfolgeplanung auch,
die zum Teil versteckten Besteuerungsanknüpfungen verschiedener Staaten aufzuspüren. Diese Anknüpfungen können durch eine doppelte Staatsangehörigkeit, durch Ferien-
wohnsitze oder, gerade in bezug auf den anglo-amerikanischen Rechtsraum, durch die unmißverständliche Erklärung
bestehen, daß man eines Tages in sein Heimatland zurück-
kehren wird.

Hätte Howard Hughes ein klares Testament hinterlassen,
in dem unzweifelhaft klargestellt worden wäre, daß er den
Staat Nevada als sein Heimatdomizilstaat ansieht, wären
Texas und Californien leer ausgegangen und dem Nachlaß
wären Vermögensgegenstände im Werte von rund 170
Millionen Dollar mehr verblieben.

STEVEN SPIELBERG

Seit einigen Jahren hat das Bundesverfassungsgericht, und nunmehr seit 2004 ihm folgend der Bundesgerichtshof, eine besondere Inhaltskontrolle für deutsche Eheverträge eingeführt, die in Teilbereichen an anglo-amerikanische Rechtsverhältnisse erinnert. Bisher war in Deutschland die notarielle Beurkundung alleiniger Garant für die Richtigkeitsgewähr dieses Vertrages. Die Beurkundung vor einem Notar genügt heutzutage hierfür nicht mehr. Vielmehr darf der Vertrag inhaltlich nicht Ausdruck einseitiger Lastenverteilung sein. Ein Mittel, um eine einseitige Lastenverteilung zu vermeiden, ist die unabhängige rechtliche Beratung jedes Ehepartners.

Dies ist ein Umstand, der schon seit vielen Jahrzehnten in den Vereinigten Staaten geltendes Recht ist. Dort gilt als Grundsatz für Eheverträge, daß diese nur dann wirksam sind, wenn jeder Ehepartner unabhängig rechtlich beraten ist und umfassend jeweils die Vermögensverhältnisse einander offenbart werden. Deswegen ist es aus deutscher Sicht sinnvoll, sich Beratungserfahrungen amerikanischer Anwälte für den deutschen Rechtsraum nutzbar zu machen.

Ein Beispiel hierfür ist der Fall des Hollywood-Regisseurs Steven Spielberg. Steven Spielberg und seine erste Ehefrau Ami Irving verfaßten ihren eigenen Ehevertrag ohne rechtliche Beratung beizuziehen. Steven Spielberg dachte, er hätte ausreichend eigene Kenntnisse und könnte sich die Beratungskosten sparen. Dies erwies sich jedoch schnell als teurer Fehlschluß. Als er vier Jahre später Amy Irving verließ, um eine Beziehung mit Kate Capshaw einzugehen, erklärte ein Gericht die Vereinbarung für unwirksam, weil Ami Irving rechtlich nicht beraten und belehrt war, als sie den Ehevertrag 1985 unterschrieb. Folge war, daß sie 100 Millionen Dollar vom Gericht zugesprochen erhielt. Normalerweise bedeutet dies das Ende eines großen Vermögens. Nicht jedoch bei Steven Spielberg. Da seine Kassenschlager *Jurassic Park*, *Schindlers Liste* und *Der Soldat James Ryan* noch vor ihm lagen, gelang es ihm schnell, den gewaltigen Liquiditätsabfluß aus seinem Vermögen zu ersetzen. Nichtsdestotrotz machte die Zahlung an Ami Irving auf Steven Spielberg einen gewissen Eindruck: Als er die Ehe mit Kate Capshaw einging, lag ein sorgfältig formulierter Ehevertragsentwurf vor und seine Ehefrau Kate war unabhängig rechtlich beraten.

Ein inniges Verhältnis zu Eheverträgen unterhält auch Donald Trump, der New Yorker Immobilienentwickler. Der Immobilienmagnat ging 1977 die Ehe mit der damaligen Ivana Winkelmayr, die spätere Ivana Trump, ein, die Mitglied der tschechischen olympischen Alpinmannschaft war und in Kanada als Model arbeitete. Dreimal während der Ehe bis 1990 paßten sie jeweils den Ehevertrag an die neuen Vermögens- und Lebensverhältnisse an. 1990 entschieden sie, sich scheiden zu lassen. Ein heftiger Rechtsstreit ent-

brannte, der etwa 1 Million Dollar Rechtsanwaltskosten ver-
schlang. Ivana verlangte, daß sie etwa die Hälfte des Vermögens von Donald Trump erhalten sollte, das damals auf
1,7 Milliarden bis 4 Milliarden Dollar geschätzt wurde. Unter anderem stützte sie ihre Argumentation darauf, daß sie
niemals den letzten Ehevertrag des Jahres 1987 unter-
schrieben hätte, hätte sie damals schon von den außerehelichen Aktivitäten von Donald Trump gewußt. Letztlich bekam sie dann jedoch vom Gericht ungefähr das zugesprochen, was der Ehevertrag vorsah: 25 Millionen Dollar
Bargeld, ein Landhaus in Connecticut, ein Appartement in
New York, das Recht, das 118-Zimmer-Ferienhaus von Donald Trump in Palm Beach einen Monat im Jahr benutzen
zu dürfen und 650.000 Dollar Unterhalt pro Jahr.

Interessant an dieser Auseinandersetzung war insbesondere die Vertraulichkeitsvereinbarung, die in dem Ehevertrag
enthalten war. In dieser hatte sich Ivana verpflichtet, weder
direkt noch indirekt irgend etwas über die Ehe noch irgend-
welche anderen Aspekten aus dem beruflichen oder privaten Leben mit Donald Trump zu berichten. Dies ist eine in
den Vereinigten Staaten übliche Klausel, um eine markt-
schreierische, für die Interessen einer Partei instrumentali-
sierte Medienberichterstattung zu vermeiden. Um diese
Klausel zu umgehen, hatte sie einen Roman geschrieben, in
dem die Hauptperson eine tschechische Skiläuferin war, die
einen reichen amerikanischen Geschäftsmann kennenlern-
te. In diesem Buch wird unter anderem beschrieben, wie
dieser Geschäftsmann die tschechische Skiläuferin betrügt,

sie ihn aus einem Chalet anläßlich eines Skiurlaubs hinaus-
wirft und andere dramatische Ereignisse.

Donald Trump ließ vor Gericht vortragen, daß die Ähn-
lichkeit mit lebenden Personen wohl nicht ganz zufällig war,
während sie sich darauf zurückzog, daß es sich nur um eine romanhafte Darstellung handelte. Schließlich reklamier-
te sie für sich das in der amerikanischen Verfassung veran-
kerte Recht der Meinungsfreiheit. Die New Yorker Gerichte sahen das anders, erkannten auf die Wirksamkeit dieser
Vertraulichkeitsvereinbarung und gingen davon aus, daß der
Roman mehr als ein Roman war und daher die Vertraulichkeitsvereinbarung verletzte. Dies soll mit ein Grund gewesen sein, warum Ivana Trump letztlich den Ehevertrag doch
akzeptierte.

Derartige Vertraulichkeitsvereinbarungen, die von amerikanischen Anwälten auch als »Shut up«-Klauseln bezeichnet
werden, scheinen Ivana Trump jedoch gefallen zu haben.
Als sie sich mit dem Unternehmer Ricardo Mazzuccelli verheiratete, enthielt ihr Ehevertrag ebenfalls eine sehr strikte
Vertraulichkeitsvereinbarung. Als Ricardo der amerikanischen Zeitung »The National Enquirer« über die Ehe und
die Umstände des Endes der Ehe ein Interview gab, verklagte sie ihn auf eine Schadenersatzsumme von 15 Millionen Dollar.

Als Beratungserkenntnisse kann man aus diesen Fällen ziehen, daß unabhängige rechtliche Beratung jedes Ehepart-

ners anläßlich des Abschlusses des Ehevertrags die Wirksamkeit der Vereinbarungen für den Fall der Scheidung erhöht. Unabhängig davon sollten sie inhaltlich fair und angemessen und eine Mindestabsicherung des weniger vermögenden Ehepartners gewährleisten.

Die regelmäßige Anpassung des Ehevertrages im Laufe der Ehe, so wie es Donald und Ivana Trump taten, kann ebenfalls sinnvoll sein, um den Ehevertrag jeweils den aktuellen Umständen anzupassen und wirksam zu erhalten. Der Import von »Shut up«-Klauseln nach Deutschland ist ebenfalls bei Inhabern größerer Vermögen sinnvoll, um zu vermeiden, daß der Rosenkrieg nicht nur im Gerichtssaal, sondern in der Yellow Press ausgetragen wird.

JOHANN WOLFGANG VON GOETHE

Komplizierte Verhältnisse bedürfen individueller Lösungen. Johann Wolfgang von Goethe hielt zu Recht seinen Nachlaß für so kompliziert, mannigfaltig und bedeutsam, daß er meinte, nicht genug Vorsicht und Umsicht anwenden zu können, um »zu verhüten, daß durch eine rücksichtslose Anwendung der gesetzlichen Regeln und gesetzlichen Bestimmungen großes Unheil angerichtet werde«. Fast drei Monate beschäftigte er sich – im Alter von immerhin 81 Jahren – »unter Einschaltung externer Berater«, insbesondere seines späteren Testamentsvollstreckers, des Kanzlers von Müller, mit der Abfassung seines Testaments und einer umfangreichen, separat verfaßten Testamentsergänzung, in welcher er die letztwilligen Verfügungen zu seinem schriftstellerischen Nachlaß nochmals konkretisierte.

Aktualität gewinnt Goethes Testament jedoch nicht durch die Bedeutung und die Kompliziertheit seines schriftstellerischen Nachlasses. Derartige Probleme bleiben den meisten, um nicht zu sagen allen von uns, erspart. Lehrreich und lesenswert wird Goethes Testament aber auch für denjenigen, der heute seine Erbfolge plant, aufgrund der besonderen familiären Situation Goethes, der er in seiner letztwilligen Verfügung Rechnung zu tragen hatte. Nach dem Tod seines Sohnes August waren nämlich Erben seine noch minderjährigen Enkel Walther, Wolfgang und Alma, von denen somit keiner in der Lage gewesen wäre, das Nachlaßvermögen zu verwalten und dadurch auch die eigene Versorgung zu sichern.

Der Tod des Sohnes wird denn auch der eigentliche Anlaß für die späte Abfassung des Testaments gewesen sein. August von Goethe war am 27. Oktober 1830 in Rom verstorben, und bereits Mitte November hatte Goethe mit dem Entwurf seines Testaments begonnen. Bereits im Einleitungssatz bringt Goethe sein Regelungsziel auf den Punkt: »Geleitet von dem Wunsche, für meinen Nachlaß – bei der Minderjährigkeit meiner Enkel – die möglichste Fürsorge zu treffen, verordne ich testamentarisch wie folgt ...«. Diesem Wunsche entsprechend, geht es in der letztwilligen Verfügung denn auch vor allem um den Erhalt des Nachlasses und die Sicherung der Versorgung der Hinterbliebenen.

Die gleichen Probleme stellen sich auch heute. Nicht nur verwitwete Großväter mit vorverstorbenen Kindern müssen sich hierzu Gedanken machen, genauso auch junge Ehepaare mit minderjährigen Kindern, die im Testament den nie auszuschließenden Fall ihres gleichzeitigen Versterbens zu regeln haben. Sie müssen anordnen, wer für die Kinder sorgt, wer ihr ererbtes Vermögen verwaltet und wie diese Sorge und Verwaltung auszusehen hat.

Goethe hat seine drei Enkel zu seinen Erben eingesetzt und die Verwaltung des ihnen zufallenden Vermögens ihren Vormündern übertragen. Obwohl die Mutter der Enkel,

Goethes Schwiegertochter Ottilie, noch lebte, waren bereits bei Abfassung des Testaments zwei Vormünder für die Enkel eingesetzt, was heute in dieser Form natürlich nicht mehr geschehen würde. Neben den Vormündern aber hatte Goethe zur Sicherung des Vollzugs seiner letztwilligen Verfügungen noch einen Testamentsvollstrecker eingesetzt.

Auch heute empfiehlt sich häufig eine Ämtertrennung in der Weise, daß die Eltern für den Fall ihres gleichzeitigen Versterbens einen Vormund bestimmen, der für die persönliche Sorge der Kinder zuständig ist, daneben aber auch noch einen Testamentsvollstrecker, der die Verwaltung des Nachlaßvermögens übernimmt. Bei größerem Vermögen kann es sogar sinnvoll sein, zwei oder drei sich gegenseitig kontrollierende Testamentsvollstrecker zu benennen. Während die Vormundschaft mit Volljährigkeit der Erben endet, kann die Testamentsvollstreckung durchaus länger angeordnet werden, etwa bis zur Vollendung des 25. oder 30. Lebensjahres oder bis zum Abschluß einer berufsqualifizierenden Ausbildung.

Zwar hat Goethe seine Schwiegertochter nicht als Erbin eingesetzt, solches ist auch heute noch nicht üblich, wohl aber hat er durch umfängliche Regelungen im Testament für ihren Unterhalt Sorge getragen. Neben freier Wohnung und »Garten-Genuß« erhielt sie aus dem Nachlaß eine Geldrente als Witwenverpflegung, die allerdings bei Wiederverheiratung entfallen sollte, und ein Alimentations- und Erziehungsgeld. Letzteres hatten zu je einem Drittel die Kinder ab Volljährigkeit persönlich der Mutter zu zahlen. Für besonderen Aufwand – »akademische Studien, die Equipierung, die Gesundheits- oder andere außerordentliche Umstände« – sollten die Vormünder der Schwiegertochter nach billigem Ermessen die erforderlichen Zuschüsse geben. Allerdings im Verhältnis des durch gute Verwaltung gestiegenen Vermögens der Enkel – eine Einschränkung, die zur Sicherung einer langfristigen Versorgung durchaus sinnvoll erscheint.

Besonderes Gewicht hatte für Goethe der Erhalt und der Zusammenhalt seines Nachlasses, insbesondere seiner zahlreichen Sammlungen. Ein Anliegen, welches sich auch bei anderen Nachlässen zu verfolgen lohnt. So stehen im Mittelpunkt zahlreicher Testamente Regelungen zum langfristigen Erhalt etwa eines Unternehmens, einer Kunstsammlung oder einer schon lange Zeit im Familienbesitz stehende Immobilie. Testamentsvollstreckungen, Auseinandersetzungsverbote, Auflagen, Veräußerungsbeschränkungen oder der Einsatz von Stiftungen sind die heute gängigen Instrumente zur Erreichung dieses Gestaltungsziels.

Goethe hat seine Kunst- und Naturalien-Sammlungen, seine Briefsammlung, Tagebücher und auch seine Bibliothek in die besondere Obhut eines sogenannten Kustos gegeben, der nochmals unter der Oberaufsicht des Testamentsvollstreckers stand. Hinsichtlich der Sammlungen hatte er es für zweckmäßig gehalten, daß diese an eine öffentliche Anstalt, möglichst an eine »Weimarische« veräußert würden.

Eine ausdrückliche Anordnung hierzu hat er allerdings nicht getroffen, sondern sich offenbar vorgenommen, dies noch selbst in die Hand zu nehmen. Lediglich für den Fall, daß ihm dies nicht gelänge, hatte er die Vormünder der Enkel ersucht, eine Veräußerung einzuleiten oder, sofern sich hierzu keine günstige Gelegenheit ergäbe, die Sammlungen bis zur Volljährigkeit der Enkel für diese aufzubewahren, damit sie nicht einzeln versteigert würden.

Wer heute derartige Anliegen verfolgt, wird dies am besten unter Einsatz einer gemeinnützigen Stiftung tun können, mit deren Errichtung allerdings möglichst lebzeitig und frühzeitig, insbesondere nicht erst mit 81 Jahren, begonnen werden sollte, da so am besten gewährleistet werden kann, daß der Wille des Stifters auch tatsächlich über seinen Tod hinaus Bestand hat.

Goethe verfolgt in seinem Testament die uns auch heute noch vordringlichen Ziele des Erhalts des Nachlaßvermögens und der Sicherung der Versorgung der Angehörigen. Wertvoll ist uns aber vor allem die Erkenntnis, daß die Einheitslösung der gesetzlichen Erbfolgeregelung fast immer die schlechtere Alternative ist und gerade bei komplizierteren Familien- und Vermögensverhältnissen eine individuelle Gestaltung der Nachfolge unerläßlich ist.

WARREN BUFFETT

Bei der individuellen Planung einer Erbfolgeregelung von
Ehegatten ist meist vorab zu prüfen, wie die Kinder aus
dem elterlichen Vermögen bedacht werden sollen. Es ist die
Frage zu beantworten, ob der Nachlaß nach Köpfen oder
nach Bedarf verteilt werden soll. Ist Fürsorglichkeit zu belohnen und Vernachlässigung zu bestrafen? Behinderte
Kinder oder Enkelkinder bedürfen besonderer Fürsorge.
Der richtige Zeitpunkt für den Vermögensübergang muß
gefunden werden. Es ist die Gefahr zu beurteilen, ob ein zu
großes Vermögen zur Unzeit die Kinder lebensuntauglich
macht. Der amerikanische Großinvestor Warren Buffett
(geboren am 30. August 1930), zweitreichster Mann der
Welt (Forbes 2004), will all diese Probleme mit der gleichen
Rigorosität lösen, wie er erfolgreich seine Investitionspoli-
tik betreibt. Geht das auch in Deutschland? Sind seine
Denkansätze richtig?

Der jetzt 75 Jahre alte Warren Buffett managt die amerikanische Investmentgesellschaft Berkshire Hathaway, Omaha.
Er erwarb diese damals marode Textilgesellschaft 1965 und
baute sie zu einem Investmenthaus aus, das heute einen
Wert von 130 Milliarden Dollar hat. Hätte man als Anleger
zu diesem Zeitpunkt 10.000 Dollar investiert und an seinem Investment bis heute festgehalten, könnte man heute
über bescheidene 50 Millionen Dollar verfügen. Wer schon

1956 seiner Anlageempfehlung mit dem gleichen Betrag folgte, hatte 1999 Werte in Höhe von 150 Millionen Dollar im Depot. Buffetts eigenes Vermögen wird auf rund 35 Milliarden Dollar geschätzt. Seine Anlagepolitik, »Buffetto-logie« genannt, richtet sich nicht nach Indizes, Charts und ähnlichen Prognosewerten, sondern ausschließlich nach dem inneren Wert der Unternehmen (Intrinsic Value).

Buffett rät: »Konzentrieren Sie Ihre Investments. Wenn Sie über einen Harem mit vierzig Frauen verfügen, lernen Sie keine richtig kennen.« Nach diesem Konzept sind die Be-teiligungen seiner Investmentgesellschaft von Gilette über die Washington Post und American Express bis zu Walt Disney und MacDonald strukturiert. In den 1990er Jahren investierte er entgegen allen Prognosen in Coca Cola, mit späterem hohen Gewinn.

Die Technologiehausse machte er nicht mit. Als ein Aktionär ihn im Jahr 2000 fragte, ob bei den von ihm immer wieder kri-tisierten Internetfirmen nicht auch ein paar Rosinen zu pik-ken wären, antwortete er: »Wenn man Rosinen mit Kot ver-mischt, bleibt es immer noch Kot.« Infolgedessen wurden seine Investments auch beim Platzen der Blase 1999/2000 kaum betroffen. Er betrachtet Derivate als Zeitbomben.

Warren Buffett, das Orakel von Omaha, hat trotz seiner Er-folge nicht abgehoben. Er ist das verkörperte Understate-ment: großväterlich, freundlich, mit trockenem Humor nimmt er zu allgemeinen lebensphilosophischen Fragen öffentlich ebenso Stellung wie zur Anlagepolitik. Sein Geschäftsführergehalt beträgt 100.000 Dollar jährlich. Er wohnt in einem Haus, das er für 31.500 Dollar kaufte. Den Burgerstand um die Ecke bevorzugt er gegenüber Luxusrestaurants, einmal in der Woche ißt er in einem Steakhouse. Und selbst den Luxus seines Privatjets befriedigt er auf dem Gebrauchtmarkt.

Seine familiären Verhältnisse entziehen sich weitgehend der Öffentlichkeit. 1957 heiratete er Susan Thompson. Mit ihr hat er drei Kinder. Vor einigen Jahren stellte ihm seine Frau ihre Freundin Astrid vor, die dann seine Lebensgefährtin wurde. Alle drei verstehen sich weiterhin bestens.

Seine öffentlich bekundete Erbregelung sieht so aus: Sein Vermögen wird einmal eine von ihm gegründete, nach ihm benannte Stiftung für Geburtenkontrolle und gegen Atomwaffen erben. Seine drei Kinder hat er enterbt, damit sie selbst lernen, Geld zu verdienen.

Seine Begründung für diesen konsequenten Schritt ist, daß das Erbe eines großen Vermögens deren Initiative ersticken könnte, ihnen das Vergnügen und die Selbstbefriedigung raube, ihren Lebensunterhalt selbst zu verdienen. Buffett will nicht für den lebenslänglichen Unterhalt seiner Erben aufkommen, weil er dies für schädlich hält. Er hält es für richtig, den Kindern genug Geld zu vererben, so daß sie das Gefühl haben, alles tun zu können, aber nicht so viel, daß sie nichts zu tun brauchen.

Eine derartig weitreichende Enterbung der Kinder ist in den USA zivilrechtlich möglich, weil das amerikanische Zivilrecht (mit Ausnahme der Bundesstaates Louisiana) kein Pflichtteilsrecht kennt. Dementsprechend können sich die Kinder Buffetts gegen eine testamentarische Enterbung und die Übertragung von Vermögen auf die Buffett-Stiftung gerichtlich nicht wehren.

Das ist nach deutschem Erbrecht ganz anders. Hier haben alle Kinder einen Pflichtteilsanspruch gegenüber dem Nachlaß beider Eltern. Sie können die Hälfte des Verkehrswertes ihres gesetzlichen Erbteils (der nach Anzahl der Kinder und ehelichem Güterstand der Eltern schwankt) sofort und in bar verlangen. Sie können dies auch dann, wenn sie im Testament zwar mit mehr bedacht, aber mit Auflagen (zum Beispiel Testamentsvollstreckung oder Vorerbschaft) beschränkt sind. In diesen Pflichtteilsanspruch sind als Pflichtteilsergänzungsansprüche einbezogen frühere (innerhalb der letzten zehn Jahre vor dem Tode, bei Ehegatten zurück bis zur Heirat) Schenkungen an andere (auch an Stiftungen).

Wer also als Elternteil ebenso frei entscheiden will wie Warren Buffett, muß von den Kindern einen notariellen Pflichtteilsverzicht einfordern. Um diesen wasserdicht zu machen, muß er fair sein. Deshalb wird er auch in der Praxis häufig mit einer erbvertraglichen Zusage oder einer Schenkung verbunden. Praktische Anlässe können Ausstattungen bei Existenz- oder Familiengründung sein. Diese Starthilfen sind auch hilfreicher als ein – bei zunehmendem Lebensal-ter der Eltern – fettes Erbe im Rentenalter.

Minderjährigen sollte man nicht die volle Verfügungsfreiheit über das ererbte Vermögen mit Erreichung des 18. Lebensjahres zumuten, sondern zur Vermeidung von Jugendsünden eine Testamentsvollstreckung beispielsweise bis zum 27. Lebensjahr anordnen mit der Möglichkeit der Verkürzung bei früherem Abschluß der Berufsausbildung.

Allgemeine Übung ist es, alle Kinder im Testament gleich zu behandeln. Notwendige Korrekturen sollte man schon vorher durch Schenkungen unter Lebenden oder auf den Todesfall ausgleichen und im Testament die Anrechnung auf das Erbteil grundsätzlich ausschließen.

Bei behinderten Kindern und Enkelkindern ist frühe Hilfe besonders angezeigt. In diesen Fällen sollte man versuchen, insbesondere den belasteten Müttern zu helfen (mit behindertengerechtem Wohnen und Personal, um Freizeit und Urlaub mit dem Ehemann zu ermöglichen).

Die deutsche Gesetzeslage zwängt die Gestaltungsmöglichkeiten ein, erfordert aber besondere Umsicht, um den Familienfrieden und das Familienvermögen zu erhalten.

PRINZ LOUIS FERDINAND
VON PREUSSEN

Seit dem Tode des Prinzen Louis Ferdinand von Preußen
im Jahre 1994 bis zum heutigen Tage erschüttert ein Erbstreit dessen Familie und beschäftigt eine Reihe von Gerichten bis zum Bundesverfassungsgericht. Im Kern geht es
dabei um die Gültigkeit eines Erbvertrags, den der letzte
deutsche Kronprinz Wilhelm 1938 unter Zustimmung seines damals noch lebenden Vaters, Wilhelm II., der gleichzeitig auf das noch in Deutschland belegene Vermögen des
früheren preußischen Königshauses verzichtete, mit Louis
Ferdinand abschloß. Louis Ferdinand war der zweitälteste
Sohn des Kronprinzen.

In diesem Erbvertrag wurde Louis Ferdinand unter Über-
gehung des ältesten Sohnes, der sich nicht nach dem strengen Hausgesetz des Hauses Brandenburg »standesgemäß«
verheiratet hatte, als Vorerbe und seine männlichen Abkömmlinge nach den Grundsätzen der Erstgeburt und der
Erbfolge nach Stämmen als Nacherben berufen. Ausdrücklich sah der Erbvertrag vor, daß die Nachkommen von
Louis Ferdinand nicht Erben werden konnten, wenn sie
nicht aus einer den Grundsätzen der alten Hausverfassung
des brandenburgisch-preußischen Königshauses entsprechenden Ehe stammten und ihrerseits sich nicht hausver-
fassungsmäßig verheirateten.

Dies bedeutete, daß nur derjenige Nacherbe werden durfte, der sich mit einer »ebenbürtigen« hochadeligen Dame verheiratete. Der älteste Sohn von Prinz Louis Ferdinand beantragte nach dessen Tode im Jahr 1994 einen Erbschein, wonach er nach dem Tod von Louis Ferdinand Nacherbe von Kronprinz Wilhelm geworden sei und damit das noch verbliebene Hausvermögen des früheren preußischen Königshauses erbte. Er hatte zwar in notariellen Urkunden in den Jahren 1961, 1967 und 1976 erklärt, daß er für den Fall einer nach den Grundsätzen der alten Hausverfassung nicht ebenbürtigen Eheschließung auf seine Rechte als Nacherbe verzichtet.

Die Erklärungen von 1967 und 1976 erfolgten dabei aus Anlaß von Vermählungen, die in den Urkunden als nicht der Ebenbürtigkeit entsprechend bezeichnet wurden. Diese Heiratsklausel sei aber sittenwidrig und deswegen nicht bindend für ihn. Dagegen hatte der älteste Sohn des vorverstorbenen dritten Sohnes von Louis Ferdinand Einwände. Er beantragte seinerseits einen Erbschein für sich, da sowohl der älteste Sohn von Louis Ferdinand als auch dessen weiterer Bruder von der Erbfolge ausgeschlossen seien, da sie nicht in ebenbürtiger Ehe verheiratet wären, während er selbst aus einer dem strengen Hausgesetzes des Hauses Preußen entsprechenden Ehe stammen würde.

Dies war der Auftakt für eine Reise durch das deutsche Justizsystem. Das Nachlaßgericht kündigte an, dem Antrag des ältesten Sohnes des vorverstorbenen dritten Sohnes von

Louis Ferdinand zu folgen. Das Landgericht Hechingen hingegen folgte dem Antrag des ältesten Sohnes von Louis Ferdinand, weil die Ausschließung von der Erbfolge über diese Heiratsklausel wegen Verstoßes gegen die guten Sitten heutzutage nichtig sei. Das OLG Stuttgart hielt die hiergegen eingelegte weitere Beschwerde für unbegründet. Eine derartige vorkonstitutionelle Heiratsklausel verstoße gegen die Werteordnung des republikanischen Grundgesetzes und könne deswegen auch nicht von Gerichten der Bundesrepublik Deutschland durchgesetzt werden. Endgültig konnte jedoch das Oberlandesgericht Stuttgart nicht entscheiden, weil das BayObLG im Falle eines bayerischen Fürstenhauses, bei der ebenfalls erbittert wegen einer ähnlichen Heiratsklausel um die Erbfolge nach einem Fürsten gefochten wurde, anders entschieden hatte.

Das Oberlandesgericht Stuttgart legte deswegen den Fall dem Bundesgerichtshof vor. Der Bundesgerichtshof sah die Sache nun wieder anders. Sie gaben wieder Louis Ferdinands Enkel Recht. Die Heiratsklausel verstoße auch nach heutigen Wertmaßstäben nicht gegen die guten Sitten und führe auch nicht zu Auswirkungen, die den Einwand der unzulässigen Rechtsausübung begründen könnten. Das immer wieder vorgebrachte Argument, es läge ein schwerer Eingriff in die Eheschließungsfreiheit der betroffenen Familienangehörigen vor, die in Artikel 6 des Grundgesetzes von unserer freiheitlich-demokratischen Rechtsordnung geschützt werde, sei nicht gegeben. Nunmehr legte gegen die Entscheidung des Bundesgerichtshofs der älteste Sohn von

Louis Ferdinand Verfassungsbeschwerde ein. Diese Heiratsklausel schränke seine Eheschließungsfreiheit verfassungswidrig ein, da als Ehefrau nur einige wenige standesgemäße Frauen protestantischen Glaubens in Betracht kämen, die ihrerseits aus königlichen Ehen hervorgegangen sein müßten. Nur wenige Kandidatinnen kämen dann in Betracht.

Der älteste Sohn des dritten Sohnes verteidigte sich damit, daß in Deutschland die Testierfreiheit gilt. Jeder Erblasser dürfe grundsätzlich so testieren, wie es seinem Wunsch und Willen entspricht, auch wenn derartige Verfügungen nicht immer der gerade aktuellen »Political Correctness« entsprechen müssen. Im übrigen sei mit dieser Heiratsklausel nicht das Ziel verfolgt worden, Druck auf die Söhne bei der Auswahl ihrer Ehepartner auszuüben. Es gehe vielmehr darum, für den mindestens zum Teil aus früheren Generationen stammenden und durch die Familientradition geprägten Nachlaß einen Nachfolger zu finden, der die auf Abstammung beruhende Tradition der Familie repräsentiert und deswegen geeignet erscheint, den Nachlaß im Sinne des Erblassers und seiner Vorfahren in seiner geschichtlichen Dimension fortzuführen.

Das Bundesverfassungsgericht hob nun im Jahr 2004 die Entscheidungen des Bundesgerichtshofs und der Vorgängerentscheidungen auf, die dem Enkel Recht gaben. Gleichzeitig verwies es den Rechtsstreit zurück an die Instanzgerichte. Das Bundesverfassungsgericht stellte dabei nicht ausdrücklich die Verfassungswidrigkeit dieser Heiratsklausel fest, sondern beanstandete, daß der Bundesgerichtshof die Frage, ob der älteste Sohn von Louis Ferdinand in einem Grundrecht verletzt sei, nicht in einer den Grundsätzen der verfassungsgerichtlichen Rechtsprechung ausreichenden Weise behandelt hätte.

Das Bundesverfassungsgericht gab den zuständigen Gerichten auf, genau zu prüfen, ob die Heiratsklausel geeignet sei, auf den ältesten Sohn eine für diesen unzumutbaren Druck bei der Eingehung einer Ehe zu erzeugen. Der Wert des Nachlasses könnte geeignet sein, unter Berücksichtigung der Lebensführung und der sonstigen Vermögensverhältnisse dessen Entschließungsfreiheit bei Eingehung einer Ehe nachhaltig zu beeinflussen. Fraglich erscheine zudem, ob es für den Beschwerdeführer angesichts der außerordentlich geringen Anzahl von in Betracht kommenden »ebenbürtigen« Damen protestantischen Glaubens überhaupt eine realistische Möglichkeit gebe, die Voraussetzungen der Heiratsklausel zu erfüllen. Schließlich müsse auch vor dem Hintergrund der Abschaffung der Monarchie vor fast hundert Jahren gefragt werden, ob diese Heiratsklausel noch geeignet sei, einen Eingriff in die Eheschließungsfreiheit von Familienangehörigen zu rechtfertigen. Auch müßten die Instanzgerichte prüfen, ob im Falle der Enterbung andere seiner Versorgung dienenden erbrechtlichen Ansprüche wie Pflichtteilsansprüche existieren könnten. Diese Frage sei bedeutsam für den von der Ebenbürtigkeitsklausel ausgehenden wirtschaftlichen Druck.

Die Ermittlungen, die das Bundesverfassungsgericht eingefordert hat, werden derzeit von den Instanzgerichten angestellt. Die Ausführungen des Bundesverfassungsgerichts und der sicherlich erst in einigen Jahren feststehende endgültige Ausgang des Rechtsstreites im Hause Preußen haben für den erbrechtlichen Berater heute schon flächendeckende Konsequenzen. Dies gilt nicht nur, wenn es darum geht, für Traditionsvermögen oder in hochadeligen Familien die Nachfolge zu regeln. Der Ausgang im Erbstreit Preußen hat Ausstrahlungswirkung auf alle erbrechtlichen Verfügungen, die eine Zuwendung unter die aufschiebende oder auflösende Bedingung der Ausübung eines Freiheitsrechtes stellen, ob diese Klausel den Bedachten unter einen verfassungswidrigen Druck setzen kann.

Ein naheliegender und auch in »bürgerlichen« Verhältnissen auftretender Beispielfall ist die häufig verwandte Wiederverheiratungsklausel in Ehegattentestamenten. Dies ist eine Klausel, die anordnet, daß im Falle der Wiederverheiratung des überlebenden Ehegatten für diesen negative Vermögenswirkungen eintreten können.

So kann etwa bestimmt werden, daß der zunächst auf den Ehegatten übergegangene Nachlaß den Kindern zufallen soll oder der bisher in seinen Eigentumsrechten ungebundene überlebende Ehegatte nur noch beschränkter Vorerbe ist und so die Verfügungsfähigkeit ganz oder teilweise über den Nachlaß verloren hat. Der Kaiser hat zwar 1918 abgedankt, und wir leben in einer demokratischen Republik, doch die Nachkommen des deutschen Kaiserhauses tragen mit diesem Streit zur Fortentwicklung des Erbrechts in der deutschen Republik bei.

WILLIAM SHAKESPEARE

Manchmal kann ein einfacher Satz Anlaß für Vermutungen sein. So geschah dies auch nach dem Tode des englischen Schriftstellers und Dramatikers Shakespeare (gestorben 1616). Während sein Testament ausführliche Regelungen enthält über Zuwendungen an seine Töchter Judith und Susanna, einen seiner Schwiegersöhne, seine Schwester Joan, deren Kinder, seiner Enkelin Elizabeth, die Armen von Stratford sowie einige seiner Freunde, ist das Testament, soweit es seine Frau angeht, sehr knapp und kurz gehalten. In einem schlichten Satz wandte er ihr nach 34jähriger Ehe nur das »zweitbeste« Bett nebst Zubehör im Hause zu. Ansonsten erwähnte er sie in seinem Testament nicht. Ursprünglich kam sie wohl überhaupt nicht in seinem Testament vor.

Erst kurz vor seinem Tode erwähnte er seine Ehefrau in einer Reihe von Zusätzen zum Testament, die im übrigen überwiegend verhindern sollten, daß der Ehemann seiner Tochter Judith an das Geld kam, das ihr Shakespeare hinterließ. Auf den letzten drei Seiten, eingeschoben in eine sorgfältig formulierte Spezifizierung der Abstammungslinie, mit der sichergestellt werden sollte, daß das Eigentum so weit wie möglich an den ältesten männlichen Erben seiner Tochter Susanna fallen sollte, findet sich die erwähnte knappe und kühle Klausel.

Die Bedeutung dieses Vermächtnisses gab für allerlei Interpretationen Anlaß. Einige sehen dieses Vermächtnis als eine späte Rache Shakespeares, die auf das Zustandekommen und auf den Zustand der Ehe mit Anne Hathaway abstellt. Demnach hatte die sieben Jahre ältere Anne den 18jährigen William »verführt«, was in einer Sturzheirat und einem Tauftermin des ersten Kindes sechs Monate nach der Hochzeit endete.

Die Ehe soll distanziert, ja sogar von tiefer Abneigung gegeneinander geprägt gewesen sein. Den größten Teil seines Ehelebens verbrachte William Shakespeare in London, während den Quellen nach Anne Hathaway und die Kinder in Stratford blieben. Darüber hinaus konnte sie vermutlich weder lesen noch schreiben, so daß sie wohl nie ein Wort von dem gelesen hat, was Shakespeare als literarisches Vermächtnis der Nachwelt hinterließ. Der Zustand der Ehe ist jedoch nicht eindeutig belegbar, da Wissenschaftler, die Shakespeare gern in einer guten Ehe gesehen hätten, berichten, daß er – als er etwas Geld am Theater verdient hatte – seine Frau und seine Kinder in einem größeren Haus in Stratford unterbrachte, sie dort häufig besuchte und einige Jahre vor seinem Tod beschloß, sich sehr früh zur Ruhe zu setzen und auf Dauer nach Stratford-upon-Avon zurückzuziehen.

Nach anderer, nicht ganz so süffisanter Interpretation hatte dieses Testament einen ganz einfachen Hintergrund. Das zweitbeste Bett im Hause war das Ehebett, während das beste Bett im Gästeschlafzimmer stand. Andere weisen darauf hin, daß weitere Zuwendungen überhaupt nicht für Anne Hathaway nötig waren, da sie nach altenglischem Recht ohnehin kraft Gewohnheitsrechts Anspruch auf einen Nießbrauch an einem Drittel seines Vermögens sowie auf ein Wohnrecht hatte. Hiergegen wird wiederum eingewandt, daß gerade das Vermächtnis eines einzelnen Gegenstandes dazu gedient haben könnte, ihr den gewohnheitsrechtlich zustehenden Nießbrauch zu nehmen. Andere wiederum interpretieren die Zuwendung als ein großzügiges Geschenk, da damit Wäsche, Tagesdecke, Vorhänge und Bettsachen aus teurem Stoff verbunden waren. Schließlich sei eine derartige Klausel nicht ungewöhnlich, da die Zuweisung »bester« Gegenstände ansonsten nur neue Ehemänner anlocken würde.

Ein Biograph meinte sogar, daß das zweitbeste Bett zwar weniger kostbar, aber wahrscheinlich bequemer und deshalb Ausdruck des liebevollen Andenkens eines Ehemannes sei. Berücksichtigt man, daß er akribisch all seine Scheunen, Ställe, Obstgärten, Gärten, Ländereien und Wohnhäuser sowie Grundstücke in und um Stratford individuell im Testament aufzeichnete und seiner Tochter Susanna hinterließ, eine ganze Reihe von kleineren Geschenken an nähere Freunde im Testament vorsah und daß er sogar Susanna und ihren Mann als Testamentsvollstrecker benannte, während seine Ehefrau erst sehr spät in einem Testamentszusatz und mit nur einem Satz abgehandelt wurde, so scheint ein kühles Verhältnis zwischen den beiden jedoch recht wahrscheinlich.

Für uns kann es gleichgültig sein, welche Ziele Shakespeare mit seinem Vermächtnis an Anne Hathaway verfolgte. Die verschiedenen Interpretationen zeigen aber einen Umstand, der bei der heutigen Testamentsgestaltung genauso wichtig ist wie zu Zeiten Shakespeares: Durch unbedachte oder unklare Anordnungen kann die Auslegung eines Testamentes erschwert werden. Weist man einem nahen Angehörigen ein Wohnrecht an einer Immobilie zu, stellt sich schnell die Frage, ob das Wohnrecht möbliert oder unmöbliert gemeint ist. Vermacht man jemandem ein Haus nebst Inventar, stellt sich die Frage, was alles von dem Begriff »Inventar« umfaßt ist: Auch die Ahnenbilder im Wohnzimmer oder die Sammlung Kronberger Maler, die sich im Arbeitszimmer befindet?

Die Anordnung, daß der überlebende Ehegatte vermächtnisweise die Ferienwohnung samt Inhalt erhält, führt zu der Auslegungsfrage, ob dies auch den im Keller befindlichen Safe samt Inhalt umfaßt. Auch der Begriff des Abkömmlings hat schon manches Gericht beschäftigt. Hierunter kann man die ehelich-leiblichen, die leiblichen oder auch die adoptierten verstehen. Um Auslegungsstreitigkeiten und Interpretationsschwierigkeiten zu vermeiden, sind Testamente deshalb regelmäßig in juristischer Fachsprache abgefaßt, was sie für den Leser schwer verständlich macht. Bei notariell beratenen Testamenten hat sich deswegen eingebürgert, Belehrungen in dem Testament aufzunehmen, die Fachausdrücke umgangssprachlich näher erläutern. Selten findet man deswegen humorvolle Testamentsinhalte wie bei dem französischen Literaten François Rabelais. Von seinem

Testament ist überliefert, daß es sinngemäß den folgenden Inhalt hatte: »Mir gehört kein relevantes Eigentum. Ich habe aber eine Menge Schulden. Den Rest gebe ich den Armen.«

JOHANN FRIEDRICH STÄDEL

Im Dezember 1816 verstarb der Frankfurter Bankier und Gewürzhändler Johann Friedrich Städel. Er war unverheiratet und kinderlos. In seinem Testament hatte er verfügt, daß sein repräsentatives Haus, seine umfangreiche Kunstsammlung von fast 500 Gemälden, 9.000 Kupferstichen und 3.000 Zeichnungen sowie sein beachtliches Barvermögen an eine nach ihm zu benennende, nach seinem Tode zu errichtende Stiftung mit dem Namen Städelsches Kunstinstitut vererbt werden sollte. Diese Zuwendung war der Grundstock für das weltweit bedeutende, bis heute existierende Frankfurter Kunstmuseum gleichen Namens.

Gleichzeitig war dieses Testament auch Ausgangspunkt einer der bedeutenden juristischen Streitigkeiten des 19. Jahrhunderts, deren Nachwirkungen bis heute spürbar sind: Der Gesetzgeber des Bürgerlichen Gesetzbuches hat als Konsequenz des Erbstreits, ob man von Todes wegen eine noch nicht existente Stiftung als Erben einsetzen darf, diese Frage knapp achtzig Jahre später ausdrücklich geregelt: In § 84 BGB steht heute, daß, wenn eine Stiftung erst nach dem Tode des Stifters als rechtsfähig anerkannt wird, sie für die Zuwendung des Stifters als schon vor dessen Tode entstanden gilt, also erbfähig ist.

Als Herr Städel verstarb, beantragten die von ihm im Testament bestimmten Administratoren, daß sie als Reprä-

sentanten des Instituts in dessen Namen die Erbschaft annehmen. Gleichzeitig beantragten sie bei der Stadt Frankfurt die Genehmigung der Stiftung. Im Jahre 1817 meldeten
sich jedoch zwei Straßburger Damen: eine Frau C. S. Bur-
guburu, geborene Städel, und eine Frau C. S. Lasplace, geborene Städel. Diese waren mit dem unverheirateten Erblasser entfernt verwandt, da die Vorfahren des Herrn Städel
ursprünglich aus Straßburg stammten. Sie waren der Ansicht, daß das Testament nichtig sei, da niemand Erbe sein
könne, der im Zeitpunkt des Todes noch nicht rechtlich exi-
stent gewesen sei. Kraft gesetzlichen Verwandtenerbrechts
verlangten sie den Nachlaß heraus. Dieser Klage trat später
noch der Bruder der Klägerinnen bei, ein Kavalleriehaupt-
mann, der in Paris lebte.

Der Rechtsstreit wogte mehr als ein Jahrzehnt hin und her.
Zunächst befaßte sich das Stadtgericht, dann das Appella-
tionsgericht der Stadt Frankfurt mit dieser Angelegenheit.
Schließlich wurden die Akten an Oberappellationsgerichte
versandt. Eine Heerschar von gutachterlich tätigen Juristen
beschäftigten sich mit dem Fall, verfaßten Streitschriften
und Gutachten. Auch in der zeitgenössischen Rechtslitera-
tur nahm man immer wieder zu diesem Fall Stellung.
Schließlich wurde in letzter Instanz das Oberappellations-
gericht der freien Städte Hamburg, Bremen, Lübeck und
Frankfurt angerufen. Diese versandten die Prozeßakten
1827 zunächst an die Juristenfakultät zu Halle, damit diese
ein Gutachten erstellt. Zu einem endgültigen Urteilsspruch
kam es aber nicht mehr. Zwölf Jahre nach dem Tode von

Johann Friedrich Städel wurde der Rechtsstreit durch einen Vergleich im Jahr 1829 beendet.

Etwa ein Viertel des Nachlasses, etwa 300.000 Gulden, zahlte das Kunstinstitut an die drei Kläger aus. Erst danach konnte das Institut richtig tätig werden. Zu diesem Zeitpunkt hatte jedoch der Nachlaß aufgrund der hohen Prozeßkosten und der Abfindung schon erheblich gelitten.

Obwohl bereits knapp 200 Jahre seit diesem berühmten Prozeß vergangen sind, zeigt dieser Fall exemplarisch, daß eine erst von Todes wegen errichtete Stiftung erheblichen Streit, Rechtsunsicherheiten und mehrjährig offene Rechtsverhältnisse auslösen kann. Dies gilt bis heute. Zwar wird nun nicht mehr um die Frage gestritten, ob eine Stiftung, die erst von Todes wegen entsteht, erbfähig ist, da dies mittlerweile seit dem 1. Januar 1900 im sogenannten Städelparagraphen in § 84 BGB ausdrücklich geregelt ist. Dennoch kann es bei Stiftungsgründung von Todes wegen zu Verzögerungen kommen, sei es, weil Angehörige das Testament anfechten, Pflichtteile geltend machen oder weil unklare Regelungen über die Stiftungssatzung oder über die Versorgung weichender Angehörige im Testament enthalten sind, über die dann kräftig gestritten wird.

Auch unter steuerlichen Gesichtspunkten ist die Errichtung einer testamentarischen Stiftung nicht optimal. Dies beruht bei steuerpflichtigen Stiftungen wie Familienstiftungen auf einer Entscheidung des Bundesfinanzhofes aus

dem Jahre 1995. Dieser hatte entschieden, daß zwar zivilrechtlich eine erst nach dem Tode des Erblassers anerkann-
te Stiftung für die Zuwendungen des Stifters als schon vor
seinem Tode entstanden gilt. Diese zivilrechtliche Rückwir-
kungsfiktion gelte aber nicht erbschaftsteuerlich. Auch die
Wertsteigerungen im Stiftungsvermögen seit dem Tode bis
zur tatsächlichen Anerkennung der Stiftung durch die Stif-
tungsaufsicht seien erbschaftsteuerbar. Die steuerlichen
Vorstellungen hätten Vorrang vor den zivilrechtlichen
Grundsätzen. Hintergrund dieser Entscheidung war eine
unternehmensverbundene Familienstiftung, die testamentarisch entstehen sollte.

Das Anerkennungsverfahren zur Gründung dieser Familienstiftung nach dem Tode des Erblassers zog sich mehrere Jahre in die Länge. In dieser Zeit erhöhte sich das unternehmerische Vermögen erheblich. Die Stiftung verlangte,
daß Bemessungsgrundlage für die Erbschaftsteuer nur die
Wertansätze zum Todestag seien. Der Fiskus sah dies anders und meinte, daß sämtliche Wertsteigerungen bis zum
Tage der tatsächlichen Anerkennung durch die Stiftungs-
aufsicht ebenfalls zu besteuern seien. Das oberste deutsche
Steuergericht gab dem Fiskus recht.

Auch bei gemeinnützigen Stiftungen ist es besser, diese zu
Lebzeiten zu gründen. Bei ihnen spielt zwar die Erbschaftsteuer keine Rolle, da Zuwendungen an gemeinnützige Stiftungen grundsätzlich von der Erbschaftsteuer befreit
sind. Wichtiger ist der einkommensteuerliche Spendenab-

zug. Der Spendenabzug in der Einkommensteuer wird nur bei lebzeitigen Stiftungserrichtungen gewährt und nicht bei Stiftungen, die von Todes wegen zum Beispiel durch Vermächtnis eine Zuwendung erhalten.

Der Bundesfinanzhof begründet seine Ansicht damit, daß ein Spendenabzug in der Einkommensteuer nur gewährt werden kann, wenn man eine freiwillige Zuwendung macht. Ist man testamentarisch hierzu verpflichtet, fehlt es an dieser spendenrechtlichen Freiwilligkeit.

Als Fazit ist festzuhalten, daß auch heute noch wie zu Zeiten des Frankfurter Handelsmannes Johann Friedrich Städel eine Stiftung von Todes wegen streitbehaftet sein kann. Deswegen hat sich in der Praxis das Zweitaktverfahren herausgebildet: Zu Lebzeiten errichtet man die Stiftung und von Todes wegen wendet man weiteres Vermögen zu. Auf diese Weise kann man schon zu Lebzeiten den Wunscherben erschaffen, so daß ein staatliches Anerkennungsverfahren nach dem Tode des Stifters nicht mehr erforderlich wird. Gleichzeitig kann man bei gemeinnützigen Stiftungen bei lebzeitigen Zuwendungen den Spendenabzug für seine eigene Einkommensteuererklärung geltend machen. Das Restvermögen wird dann von Todes wegen transferiert.

Die lebzeitige Stiftungserrichtung hat auch noch einen weiteren großen Vorteil: Der Stifter erhält noch zu seinen Lebzeiten Dank für seine hochherzige Zuwendung und nicht der Testamentsvollstrecker, aus dessen Vermögen diese Zuwendung nicht stammt. Schließlich kann das Stiftungsleben noch zu Lebzeiten unter der Oberaufsicht des Stifters mit seinen Vertrauenspersonen gemeinsam geübt werden.

DORA MAAR

Die Künstlerin Dora Maar, die 1997 verstarb, wurde als Geliebte und Mitarbeiterin von Pablo Picasso bekannt. Als Tochter eines kroatischen Vaters und einer französischen Mutter war sie in Paris als Henriette Theodora Markovitch geboren worden. Die Familie verbrachte während Doras Kindheit einige Jahre in Argentinien, wo sie Spanisch lernte. Nach ihrer Rückkehr nach Frankreich machte sie eine Ausbildung zur Fotografin und engagierte sich mit sozial ausgerichteten Fotoreportagen im surrealistischen Stil. Politisch engagierte sie sich antifaschistisch. Die leidenschaftliche, 29jährige Fotografin wurde 1936 dem damals 55jährigen Pablo Picasso vorgestellt. Es entwickelte sich zwischen den beiden eine Liebes- und Arbeitsbeziehung.

Dora Maar beeinflußte Picassos politisches Bewußtsein entscheidend. In Picassos Atelier fotografierte sie die Entstehungsetappen des pazifistischen Gemäldes »Guernica«. Picasso verewigte sie darauf als »Die weinende Frau«. Sie inspirierte ihn mit ihrer dunklen Schönheit zu hinreißenden Frauenporträts und zu einer entscheidenden Stilwende in seinem Schaffen. Gemeinsam fotografierten sie und fertigten Fotogravuren an.

Die Beziehung zwischen dem südländischen Macho Picasso und der melancholischen Dora Maar war stets dadurch belastet, daß Picasso die Verhältnisse mit Marie-Thérèse Walter und deren Tochter Maya parallel fortsetzte. 1943 versuchte Dora Maar das Verhältnis mit Picasso abzubrechen und sich unabhängig zu machen. Bis 1946 mußte sie aber immer damit rechnen, daß Picasso den Abend mit ihr verbringen wollte. Nach dem endgültigen Bruch der Beziehung brach sie nervlich zusammen und wurde in eine psychiatrische Klinik eingewiesen.

Die verbleibenden fünfzig Jahre lebte sie, weitgehend zurückgezogen, im Sechsten Arrondissement in Paris und wandte sich einem mystischen Katholizismus zu. Sie verstarb vereinsamt im neunzigsten Lebensjahr und wurde in der Familiengruft beigesetzt. Dora Maar hatte keine Kinder und keinen näheren Verwandten. 1958 hatte sie in einem Testament ihren Vater und drei Priester als Erben beziehungsweise Vermächtnisnehmer eingesetzt. Weil alle vier Personen, die sie in ihrem Letzten Willen bedacht hatte, bei ihrem eigenen Tod schon verstorben waren, ging man davon aus, daß ihr Erbe dem französischen Staat zufallen würde. Das geschieht nach französischem Erbrecht immer dann, wenn Erben sechsten Grades nicht vorhanden sind.

Der Nachlaßverwalter für den herrenlosen Nachlaß beauftragte sogenannte Erbensucher, die letztlich in Frankreich und Kroatien Cousinen fünften und sechsten Grades fanden. Die Versteigerung des Nachlasses erbrachte rund 223 Millionen Franc. Davon erhielt der Staat 60 Prozent als Erbschaftsteuer.

Im Rahmen von insgesamt sechs Auktionen wurde eine der bedeutendsten Picasso-Sammlungen, die je versteigert wurden, verteilt. Den Erben blieben letztlich rund 20 Millionen Franc übrig, die Erbenfahnder erhielten einen gleich großen Betrag. Der Rest ging an die Auktionatoren sowie Notare und Anwälte. Dora Maars bedeutende Picasso-Sammlung und die Sammlung ihrer eigenen Fotografien wurden so zerschlagen.

Was in diesem Falle falsch lief, ist in der Praxis häufig zu beobachten. Bei Eröffnung des Testaments stellt man fest, daß es überaltert ist. Es nennt Personen, die längst verstorben sind. Neuankömmlinge in der Familie sind noch nicht berücksichtigt. Bestimmten Personen waren bestimmte Gegenstände zugedacht, die zwischenzeitlich verkauft wurden. Sollen sie jetzt den Gegenwert in Geld erhalten? Die überholten Testamente sind besonders streitanfällig, weil sie eine Absicht andeuten, die nicht mehr zu erfüllen ist. Dora Maars Testament lief wegen des nachkommenlosen Vorversterbens aller vier Bedachten vollständig ins Leere.

Wegen der immerwährenden Veränderungen bei Personen und Vermögen sollte jedes Testament regelmäßig überprüft werden, ob es noch aktuell ist. Zweckmäßig ist eine Vereinbarung mit dem Berater, mindestens alle drei Jahre eine gemeinsame Überprüfung durchzuführen. Bis zur Abschaffung der Vermögensteuer war der Vermögensteuerhauptfeststellungstermin ein geeigneter Zeitpunkt. Während Laientestamente immer für den Tag geschrieben sind, sieht ein spezialisierter Nachfolgeberater testamentstypische Eventualsituationen voraus. In ihm wird zum Beispiel die Möglichkeit des Vorversterbens eines Erbens oder eines Vermächtnisnehmers durch die Benennung von Ersatzerben oder Ersatzvermächtnisnehmern geregelt. Auch über deren Tod kann der Erblasser in gewissen Grenzen durch Einsetzung von Nacherben herrschen.

Die Vor- und Nacherbfolge bedeutet, daß heute schon testamentarisch festgelegt wird, wie das Vermögen beim Tod des Erben weiterverteilt wird. Auch kann man den Wegfall bestimmter Gegenstände im Testament schon antizipieren, zum Beispiel indem man den Verkaufspreis an seine Stelle treten läßt oder indem man klarstellt, ob das Vermächtnis ersatzlos entfällt, wenn der Gegenstand nicht mehr vorhanden ist. So erscheint es uns zwar gerechtfertigt, einem Unternehmernachfolger einen größeren Anteil am Unternehmen für seine unternehmerische Verantwortung einzuräumen, ihm aber beim zeitnahen Verkauf die gleichen Anteile am Veräußerungserlös zuzuordnen wie den anderen Geschwistern.

Eine gewisse Anpassung an veränderte Verhältnisse kann man auch dadurch erreichen, daß man dem Testamentsvollstrecker bei Vermächtnissen einen gewissen Spielraum einräumt. Dies kann insbesondere bei veränderten Steuergesetzen, die zu veränderten Steuerbelastungen führen, sinnvoll sein. Weil oft eine regelmäßige Anpassung der Verhältnisse in der Praxis nicht funktioniert, da auch dabei die unterbewußte Angst vor dem Tode dies vereitelt, ist die Berücksichtigung von alternativen Geschehensabläufen immer ratsam, insbesondere weil nicht auszuschließen ist, daß der Erblasser bei Eintritt eines solchen Eventualfalles nicht mehr testierfähig ist.

Das veraltete Testament von Dora Maar führte dazu, daß Erben, die die Erblasserin gar nicht kannten, ein stolzes Sümmchen erhielten. Der französische Staat profitierte über die Erbschaftsteuer. Die Erbensucher sowie einige Rechtsanwälte und Notare als Nachlaßverwalter waren die lachenden Dritten. Hätten Dora Maar oder Pablo Picasso dies gewußt, sie hätten sich im Grabe herumgedreht.

HANS HEINRICH THYSSEN-BORNEMISZA

Im April 2002 verstarb Hans Heinrich Thyssen-Bornemisza in seinem Haus an der spanischen Costa Brava – wenige Wochen, nachdem er sich außergerichtlich im Februar 2002 mit seinem ältesten Sohn Georg Heinrich Thyssen-Bornemisza über die Kontrolle seines unternehmerischen Vermögens von rund drei Milliarden Pfund und über seine Kunstsammlungen geeinigt hatte.

Diese Einigung beendete eine bizarre Familienfehde, die Heerscharen von gierigen Anwälten wohlhabend gemacht und die Yellow Press über Jahre mit Schlagzeilen versorgt hatte. Der 1921 geborene Hans Heinrich Thyssen-Bornemisza, der im Gegensatz zu seinem Sohn Georg ein sehr extrovertiertes Leben führte, ist der Nachwelt vor allem bekannt, weil er die zweitgrößte Kunstsammlung der Welt zusammentrug. Nur die Kunstsammlung des englischen Königshauses soll bedeutender sein. Daneben war er ein gewiefter Industrieller. Es gelang ihm, das Vermögen seines Vaters Heinrich nach dem Kriege zu konsolidieren, zu mehren und Umschichtungen vorzunehmen, so daß er einen international tätigen Konzern für breit gefächerte industrielle Aktivitäten schuf. Den Untergang der deutschen Werft- und Schwerindustrie vorausahnend, trennte er sich dabei schon recht früh von seinem deutschen Beteiligungsbesitz. Unter anderem veräußerte er seine Beteiligungen an der Vulkanwerft, Bremen, oder dem Flensburger Schiffsbau.

Privat führte er ein buntes Eheleben. In erster Ehe war er mit einer österreichischen Prinzessin zur Lippe-Weißenfeld verheiratet. Aus dieser Ehe stammt der Sohn Georg. Die Ehe wurde 1954 geschieden. Ihr folgte die Hochzeit mit dem Mannequin Nina Dyer, Tochter eines Plantagenbesitzers aus Sri Lanka. 1956 heiratete er das englische Modell und Admiralstochter Fiona Campbell-Walter. Aus dieser Ehe stammen zwei Kinder. Doch auch diese Ehe dauerte nicht lange und endete in der Scheidung 1965. Die vierte Ehe, 1967 eingegangen mit einer Brasilianerin, dauerte immerhin bis 1984, fand aber ihr Ende in einer schmutzigen Scheidung, die vor allem vor schweizerischen und englischen Gerichten ausgetragen wurde.

In fünfter Ehe verheiratete er sich sodann mit Carmen »Tita« Cervera, einer ehemaligen Miss Spanien, die in erster Ehe mit dem Tarzan-Darsteller Lex Barker verheiratet war. Mit Rechtsstreitigkeiten war auch sie nicht unerfahren. So verglich sie sich Mitte der siebziger Jahre mit Lex Barkers jüngstem Sohn Christopher über die Auseinandersetzung des Nachlasses nach dessen Vater. In die Ehe mit Thyssen-Bornemisza brachte sie ein Kind mit, das er später adoptierte. In den achtziger Jahren brachte Thyssen-Bornemisza sein industrielles Vermögen in einen Trust ein, der auf Bermuda registriert war, und übertrug die Leitung seinem Sohn Georg.

Der Trust hatte die Funktion einer Familienstiftung für seine Familie. Im Gegenzug sollte Hans Heinrich Thyssen-Bornemisza selbst eine Rente von rund 22 Millionen Dollar pro
Jahr erhalten. Knapp zehn Jahre später mochte er an diesen
Vereinbarungen nicht mehr festhalten und verklagte ab Mitte der neunziger Jahre seinen Sohn Georg sowie die Vermö-
gensverwalter, von denen er sich getäuscht fühlte. Ausgangspunkt war, daß ihn der jährliche Mindestanspruch an
Auszahlungen nicht mehr regelmäßig erreichte, wobei die
Ursache von den Parteien unterschiedlich dargestellt wurde.
Dabei ging es nicht nur um die Interpretation und Auslegung
von komplizierten Stiftungsstatuten und Verträgen.

Außerhalb des Gerichtssaales kam es zu einer Schlamm-
schlacht, die unter anderem darin gipfelte, daß Tita gegenüber Reportern der Illustrierten wie Bunte oder aber auch
dem Wall Street Journal behauptete, Georg sei die außereheliche Frucht eines Seitensprunges seiner ersten Ehefrau.
Teams von Anwälten in Kompaniestärke aus London trugen diese Familienfehde auf der kleinen Karibikinsel Bermuda, dem Sitz des Familientrusts, aus. Auf Kosten von
Thyssen mußte zunächst für knapp eine Viertelmillion
Euro der Gerichtssaal auf Bermuda ausgebaut werden.

Bis Mitte des Jahres 2000 waren die Anwaltskosten auf rund
120 Millionen Euro aufgelaufen. Allein das Plädoyer des
Chefanwaltes von Hans Heinrich Thyssen-Bornemisza dauerte 66 Tage. In dem Verfahren wurden knapp 120.000 Dokumente vorgelegt, bewertet, kommentiert und zu den Ak-

ten gegeben. Schließlich warf der Richter entnervt im März 2001 das Handtuch und kündigte seinen Rücktritt an, nicht ohne vorher anzumerken, daß die Beträge, die in diesem Mammutverfahren für Anwälte ausgegeben worden seien, nur als obszön zu bezeichnen seien. Gleichzeitig erklärte er, daß er nur bereit sei weiterzuarbeiten, wenn sein Gehalt vom Gouverneur der Insel verdreifacht werde, was jedoch nicht geschah. Danach war der Prozeß zunächst einmal geplatzt.

Dies führte vielleicht zur Einsicht der Beteiligten und zur außergerichtlichen Einigung im Februar 2002. Der Inhalt der Einigung zwischen Hans Heinrich und seinem Sohn Georg wurde nicht bekanntgegeben. Mitgeteilt wurde aber, daß der Sohn weiterhin die Familienstiftung führt. Die Höhe der jährlichen Auszahlungen sowie die Erbansprüche Titas und des adoptierten Sohnes sollen allerdings deutlich nach oben korrigiert worden sein.

Der Thyssen-Bornemisza-Streit zeigt vor allem eines: Je größer ein Vermögen, desto subtiler und intensiver ist der Erbenstreit. Während in Arbeiterfamilien um die Bettwäsche des Verstorbenen gestritten wird, wird im Angestelltenhaushalt um das Meissener Porzellan gefeilscht und in Villenvororten darüber gestritten, ob der Testamentsverfasser bei der Unterzeichnung des Testamentes noch bei Verstand war oder ob die Kinder überhaupt die eigenen Kinder sind. Erbstreit ist sehr emotional und verstärkt sich noch, wenn Kinder aus verschiedenen Ehen oder verschiedener Partner zusammentreffen.

Jedes Vermögen verdient deswegen klare und eindeutige
Regeln zur Verhinderung des Streites und ein System der
Streitunterdrückung. Sinnvoll ist es dabei unter anderem,
ein erbrechtliches Schiedsgericht anzuordnen. Die Anordnung des Schiedsverfahrens ist geeignet, streitschürende
Öffentlichkeit zu reduzieren und das Verfahren zur Streit-
beilegung zu beschleunigen. Schließlich sollte man auch
über flankierende testamentarische »Shut up«-Klauseln
nachdenken, wonach derjenige, der sich an die Presse wendet, Vermögensrechte verliert. Denn nicht nur der Streit als
solches schadet, sondern auch die den Streit noch verstär-
kende glamouröse Presseberichterstattung, wenn Boshaf-
tigkeiten mit entsprechender medialer Begleitmusik einer
johlenden Menge verkündet werden. Egal was die Ursache
für diesen monströsen Familienstreit war und wer letztlich
recht hatte: In der Erinnerung ist Hans Heinrich Thyssen-
Bornemisza nicht nur als erfolgreicher Unternehmer und
genialer Kunstsammler geblieben, sondern auch als Initia-
tor eines Gerichtsverfahrens, das in das Guinness Buch der
Rekorde einging.

Quintessenz für »Normalsterbliche«:
Aus mißlungenen Erbfolgeregelungen
Prominenter lernen!

Die überwiegende Mehrheit aller Deutschen stirbt ohne Testament, hinterläßt einen ungeordneten Nachlaß und verwirrte Erben, die zuviel Steuern zahlen müssen. Sie vernichten, ohne sich selbst darüber bewußt zu sein, selbstzerstörerisch ihr mühsam erworbenes Vermögen. Sie kreieren einen ewigen Familienstreit. Diesem Mißstand möchten wir mit diesem Buch abhelfen.

Unsere Zielvorstellung war es, dem Leser die Notwendigkeit, ein Testament zu machen, nahezubringen und ihm die Vielschichtigkeit des Komplexes und die Individualität der Lösungen vor Augen zu führen. Um dabei seine verständliche Abneigung, sich mit einer Bahre zu beschäftigen, die den eigenen Tod betrifft, zu überwinden, ergriffen wir listig das Instrument des allgemeinen Interesses am persönlichen Schicksal berühmter Personen. Die »Schadenfreude« an deren Fehlern sollte den Leser dazu anregen, es besser zu machen. Dazu wurden einzelne typische Fehler an bestimmte Prominente gekoppelt.

Aus Gründen der Diskretion beschränken wir uns selbstverständlich bei den namentlich erwähnten Fällen auf solche, die nicht Gegenstand unserer anwaltlichen Beratung waren. Die untersuchten Fehler Prominenter waren mit ihren Erbregelungen Gegenstand allgemein zugänglicher öffentlicher Informationen. Ihre gescheiterten Erbfolgeregelungen haben in der Presse schon Schlagzeilen gemacht. Das Internet mit seinen zahlreichen Datenbanken war darüber hinaus national wie international eine reiche Fundgrube. Der Blick in das Geschichtsarchiv war ebenfalls hilfreich, um Erfahrungen plastisch erfahrbar zu machen. Unser Erfahrungswissen floß nur anonym in die Analyse und Ratschläge unseres Buches ein.

Der Schauspieler James Dean, der Künstler Pablo Picasso, der Unternehmer Howard Hughes, die Künstlerin Dora Maar und Präsident Abraham Lincoln verstarben, ohne ein (wirksames) Testament zu hinterlassen. Sie waren somit verantwortlich für vermeidbare Erbstreitigkeiten und überflüssige Steuern. Lachende Erben wurden einerseits ungeliebte Personen, wie zum Beispiel James Deans »Rabenvater«, oder entfernte Verwandte, wie die Neffen und Nichten von Howard Hughes oder eine Cousine sechsten Grades von Dora Maar. Verdient an ihrer mangelnden Voraussicht haben Streitanwälte und der Fiskus, die im Vorfeld mißachtet wurden. Die Ausreden für ihr Fehlverhalten variieren:

James Dean errichtete kein Testament, weil sich sein Vermögen noch nicht realisiert hatte und er sich noch zu jung fürs Sterben fühlte. Pablo Picasso verweigerte die Unterschrift unter einen Testamentsentwurf, den der berühmte französische Anwalt Roland Dumas für ihn gefertigt hatte, aus Aberglauben. Howard Hughes machte viele Anläufe,

konnte sich aber letztlich nicht entscheiden. Abraham Lincoln erlag der berufsspezifischen Schlamperei von Anwälten in eigenen Angelegenheiten.

Die eigentliche Ursache lag jedoch in allen Fällen in der un-
bewußten Abneigung, sich mit seiner eigenen unvermeid-
baren Sterblichkeit zu beschäftigen (Testamentsphobie).
Die Testamentsphobie, der unbewußte Widerstand gegen
eine Erbregelung, befällt aber auch gewöhnliche Sterbliche.
Statistisch gesehen, versterben 70 Prozent aller Deutschen
(und ebenso viele US-Amerikaner) auch heute noch ohne
Hinterlassung eines Testaments. Der Versuch, diese Testa-
mentsabneigung rational zu überwinden, ist – wie unsere
Erfahrungen zeigen – wenig erfolgreich. Selbst diejenigen,
die sich bei einem unserer Vorträge überzeugt von der Notwendigkeit einer Nachfolgeregelung zeigen, weichen nach-
folgend oftmals unter fadenscheinigen Gründen wieder aus.
Erst der Tod in unmittelbarer Nähe oder die eigene schwere Krankheit bringen manche zum Nachdenken. Die Flucht
in die Aufgaben des Alltags und in eine hektische berufliche
Aktivität dient der Verdrängung der Auseinandersetzung
mit dem Thema.

Die relativ erfolgreichste Stimulans für eine Erbregelung ist
ausgerechnet der Finanzminister: Das Aufzeigen von individuellen Erbschaftsteuersparmöglichkeiten hilft, weil die
Sucht, Steuern zu sparen, in Deutschland fast ebenso stark
ist wie die Angst vor dem Tode. So beleben politische An-
drohungen von Erbschaftsteuererhöhungen, wie die Erhö-

hung der Steuerwerte von Grundstücken und der Simonis-Entwurf sowie der Entwurf der Bundesregierung zur Erbschaftsteuer vom Mai 2005 immer das Vermögensnachfolgeplanungsgeschäft. Vor die Wahl gestellt, Erbschaftsteuererhöhungen zu erdulden oder Erbschaftsteuerersparnisse zu erhalten, entscheiden sich einige mehr als sonst zur Nachfolgeplanung, zeitlich gedrängt durch den möglichen Termin einer Gesetzesänderung. Dabei wird dann der Teufel mit dem Beelzebub ausgetrieben, da vorrangig steuerlich getrieben »optimiert« wird, ohne den menschlichen und den zivilrechtlichen Aspekten des Einzelfalles gerecht zu werden.

Ein zusätzlich deutsches Problem des untestierten Sterbens ist die dann eintretende gesetzliche Erbfolge, die die Erben in eine Erbengemeinschaft zusammenwirft, die nur einstimmig verwalten und teilen kann. Die Folgen sind – weil sich immer ein Querkopf findet – Streitigkeiten, Stillstand, letztlich Versilberung der Nachlaßgegenstände mit Verlusten. Das konkrete Aufzeigen dieser weithin unbekannten Gefahren führt immerhin gelegentlich oft zu den von uns empfohlenen Soforttestamenten, die unter anderem die Einsetzung eines Testamentsvollstreckers zur Überwindung der Pattsituation beinhalten. Damit ist oft das Eis gebrochen, weil man feststellt, daß man durch das Testieren nicht verstirbt und Testamente jederzeit geändert werden können. Man erkennt, daß die Testamentserrichtung oder die Beschäftigung mit dem Thema der lebzeitigen Vermögensnachfolge einen genauso wenig krankmacht wie der Ab-

schluß einer Krankenversicherung. Unsere Erfahrung ist
vielmehr genau umgekehrt: Eine abgeschlossene, menschlich angepaßte, steuerlich optimierte und zivilrechtlich abgesicherte Vermögensnachfolge erhöht die Lebensqualität, da die Gewißheit, sein Haus gut bestellt zu haben, nach unserer Erfahrung Glückshormone freisetzt.

Die Fälle Pablo Picasso und Abraham Lincoln zeigen, daß komplizierte Familienverhältnisse negative Wirkungen auf die Erbfolgeregeln haben. Howard Hughes, James Dean und Dora Maar waren unverheiratet und daher nicht gehalten, für den Partner oder die Kinder Vorsorge zu treffen. Umgekehrt zeigt die Tatsache, daß 80 Prozent der Testamente gemeinschaftliche Ehegattentestamente sind, daß die Partnerversorgung ein starkes Antriebsmoment für eine Nachfolgeplanung ist, wenn auch oft mit den fatalen Folgen des Berliner Testaments.

Der Fall Ostmann verdeutlicht, daß eine Scheidung bei der Erbfolge ungeahnte Spätfolgen zeitigt, die bei der Scheidung selbst kaum bedacht werden. Um solche ungeahnte Konsequenzen, nämlich den Scheidungsgegner zum lachenden Erben zu machen, zu vermeiden, ist in diesen Fällen immer eine qualifizierte Beratung notwendig. In der Praxis verursacht dabei der notwendige faire Pflichtteilsverzicht von Kindern aus früheren Ehen besondere Schwierigkeiten, weil auf der einen Seite Rachegefühle und auf der anderen Seite Schuldkomplexe mitspielen. Dabei wird weitergehend zu beachten sein, daß Eltern ihren scheidungsgefährdeten Kindern durch eine Erbregelung helfen können, indem sie zum Beispiel anordnen, daß das Sorgerecht über die Enkelkinder für das ererbte Vermögen nicht bei dem geschiedenen Ehegatten der eigenen Kinder landet. In diesem Zusammenhang spielen auch faire Eheverträge eine sehr wichtige Rolle, bei denen man vieles falsch machen kann, wie an den Fällen Steven Spielberg und Donald Trump zu sehen ist.

Die Beispiele Alfred Nobel und Johann Friedrich Städel zeigen, daß Stiftungslösungen eines erfahrenen Beraters bedürfen und daß insbesondere lebzeitige Stiftungsgründungen vorteilhaft sind. Der Fall Alfred Nobel zeigt außerdem wie auch der Fall Howard Hughes, daß bei Erbfällen mit Staatsgrenzen überschreitendem Bezug eine frühe lebzeitige Festlegung auf ein zivilrechtliches Erbstatut oder Steuersystem oftmals nicht zielführend sind.

Die Fälle Benteler und Thyssen-Bornemisza verdeutlichen, daß frühzeitige Schenkungen sorgfältig dosiert und alternative Geschehensabläufe einkalkuliert werden müssen. Hier muß darauf geachtet werden, daß schon im Schenkungsvertrag durch Bedingungen und Widerrufsmöglichkeiten der Schenker veränderten Verhältnissen autonom Rechnung tragen kann. Von Warren Buffett ist zu lernen, daß man Erben nicht durch Vererben eines Übermaßes lebensuntüchtig machen sollte. Der Beitrag über das ethische Testament des Vaters von Grace Kelly zeigt, daß die Verständlichkeit des Testaments besonders wichtig ist. Viele Menschen legen Wert darauf, nicht nur materielle Gegenstände, sondern auch Lebenserfahrung und ethische Werte zu weiterzugeben.

Der Fall Henry Ford II. führt uns die Notwendigkeit vor Augen, den Testamentsvollstrecker sorgfältig auszusuchen, seine Haftung und seine Vergütung genau zu regeln. Auch sollte man vorher mit ihm geredet haben. Der Fall Goethe macht klar, daß auch ein guter Allgemeinjurist des speziellen Rates bedarf und dann auch noch eine gewisse Zeit braucht, um ein vernünftiges Testament zu errichten. Die Heinrich Heine zugesprochene umgekehrte Wiederverheiratungsklausel und das Vermächtnis des zweitbesten Bettes an Shakespeares Ehefrau Anne Hathaway mahnen, sich in letztwilligen Verfügungen der Häme zu enthalten und nicht späte Rache zu nehmen.

Der Fall Alice Keppel beweist, daß man die Geliebte oder den Geliebten besser außerhalb eines Testaments versorgt. Der aktuelle Erbstreit im Hause Hohenzollern zeigt, daß es immer schwieriger wird, über ein Testament auf die Lebensweise der Erben und deren höchstpersönlichen Lebensentscheidungen wie die Eheschließung Einfluß zu nehmen. Die Herrschaft aus dem Grabe heraus, unabhängig davon, ob man dies als sinnvoll ansieht oder nicht, wird rechtlich schwieriger.

Jeder sollte wissen, daß er seinen Nachlaß frühzeitig und weitsichtig regeln muß, wenn er Familienstreit und Familienvermögensverlust vermeiden will, für die er allein die

Verantwortung trägt. Lebzeitige Maßnahmen gehören hierbei zwingend dazu. Komplizierte Familienverhältnisse kann man einem modernen Lebensstil zurechnen, man muß dann aber auch mit besonderer Umsicht seine Erbregelungen treffen, es sei denn, man zählt Verantwortungslosigkeit auch zu seinen Tugenden.

Wie man seinen Nachfahren in Erinnerung bleibt, ob als weitsichtiger Unternehmer und/oder gerechter Familienvater, hat man weitgehend selbst in der Hand. Die menschlich so verständliche Verdrängung des Themas stellt dabei aber keinen guten Ratgeber dar.

A

Abkömmlinge
Kinder und weitere Nachkommen in gerader Linie (z. B. Enkel und Urenkel).

Abwicklungsvollstreckung
→ Testamentsvollstreckung

Administrator
Gerichtlich bestellte Mittelsperson im anglo-amerikanischen Rechtskreis, die die Nachlaßabwicklung übernimmt und an welche sich deshalb die Erben zur Erfüllung ihrer Ansprüche zu wenden haben.

Alleinerbe
Bezeichnung, wenn es nur einen → Erben gibt.

Auflage
Die testamentarische Verpflichtung des Erben oder Vermächtnisnehmers zu einer Leistung, ohne einem anderen ein Recht auf diese Leistung zuzuwenden (§ 1940 BGB).

Auseinandersetzung
→ Erbauseinandersetzung

Auseinandersetzungsklage
→ Erbauseinandersetzung

Auseinandersetzungsverbot
Der → Erblasser kann durch → letztwillige Verfügung die →

Erbauseinandersetzung in Ansehung des → Nachlasses oder einzelner → Nachlaßgegenstände ausschließen (§ 2044 Abs. 1 BGB).

Ausschlagung
Die gegenüber dem → Nachlaßgericht abgegebene Erklärung des vorläufigen Erben, die Erbschaft nicht anzunehmen. Die Ausschlagung der Erbschaft muß innerhalb einer sechswöchigen Ausschlagungsfrist erklärt werden. Die Frist beginnt, wenn der potentielle Erbe vom Erbfall und dem Grund seiner Berufung Kenntnis erlangt. Wird die Erbschaft ausgeschlagen, so gilt der Anfall der Erbschaft an den Ausschlagenden als nicht erfolgt, §§ 1942ff. BGB.

B

befreite Vorerbschaft
→ Vorerbschaft, bei der dem → Vorerben die Verfügungsbefugnis über die Gegenstände des → Nachlasses in größerem Maße zusteht, als dies nach den gesetzlichen Grundregeln (§§ 2112 ff. BGB) der Fall wäre. Der Erblasser kann insoweit bestimmen, daß der Vorerbe in bestimmtem Umfang von gesetzlichen Beschränkungen befreit ist.

Berliner Testament
Sonderform des gemeinschaftlichen Testaments, durch das sich die Ehegatten gegenseitig als Erben einsetzen. Es wird bestimmt, daß nach dem Tod des Überlebenden der beiderseitige Nachlaß an einen oder mehrere Dritte, meistens die Kinder, fallen soll. Im Zweifel ist dieser Dritte sogenannter Schlußerbe (§ 2269 Abs. 1 BGB). Im Gegensatz zum → Nacherben ist der Schlußerbe nur Erbe des längerlebenden Ehegatten, im Verhältnis zum erstversterbenden Ehegatten ist er enterbt und kann insoweit allenfalls seinen → Pflichtteil verlangen.

Betreuer
→ Betreuung

Betreuung
Kann ein Volljähriger aufgrund einer psychischen Krankheit oder einer körperlichen, geistigen oder seelischen Behinderung seine Angelegenheiten ganz oder teilweise nicht besorgen, so bestellt das → Vormundschaftsgericht auf seinen Antrag oder auch von Amts wegen für die betroffenen Bereiche einen Betreuer, der dann den Betreuten gerichtlich und außergerichtlich vertritt (§§ 1896 ff. BGB).

BGB
Abkürzung für Bürgerliches Gesetzbuch.

D

Dauertestamentsvollstreckung
→ Testamentsvollstreckung

Dauervollstreckung
→ Testamentsvollstreckung

Deputat
Eigentlich ein Naturallohn, aber auch die Verpflichtung, bestimmte Leistungen erbringen zu müssen.

Doppelbesteuerung
Die mehrfache Besteuerung desselben Steuergegenstandes durch zwei Staaten. Sie kann u.a. durch → Doppelbesteuerungsabkommen beseitigt werden.

Doppelbesteuerungsabkommen
Zwischenstaatliche Vereinbarung zur Vermeidung der internationalen Doppelbesteuerung.

E

Ehegattentestament
Vereinfachte Form zur gemeinsamen Errichtung eines handschriftlichen → Testaments durch Eheleute, auch »gemeinschaftliches Testament« (§§ 2265 ff. BGB). Danach genügt es, wenn ein Ehegatte das Testament in der vorgeschriebenen Form errichtet und der andere Ehegatte die gemeinschaftliche Erklärung eigenhändig mitunterzeichnet.

Ehevertrag
Durch einen Ehevertrag können Ehegatten insbesondere ihre güterrechtlichen Verhältnisse regeln, also vor allem den für sie geltenden → Güterstand vereinbaren oder modifizieren, § 1408 BGB. Ein Ehevertrag kann daneben auch Regelungen für den Fall der Scheidung, so etwa die Vereinbarung von Unterhaltsleistungen, Ausschluß des Versorgungsausgleichs etc. enthalten. Der Ehevertrag bedarf zu seiner Wirksamkeit der notariellen Beurkundung.

Enterbung
Der Ausschluß eines Verwandten oder Ehegatten von der gesetzlichen → Erbfolge durch Testament. Dem Enterbten kann aber in der Regel der → Pflichtteil nach § 2303 BGB nicht entzogen werden.

Erbanfall
Übergang sämtlicher Rechte und Pflichten des Erblassers auf den oder die Erben, auch als Erbgang bezeichnet. Der Erbanfall tritt un-

mittelbar ein, es bedarf keiner Annahmeerklärung, aber es besteht die Möglichkeit der → Ausschlagung.

Erbanfallsteuer

Eine Erbschaftsteuer kann in Form einer Erbanfall- oder einer Nachlaßsteuer erhoben werden. Das deutsche Erbschaftssteuerrecht folgt dem System einer Erbanfallsteuer. Es ist dadurch gekennzeichnet, daß die Steuer an die Bereicherung beim Erben (den → Erbanfall) anknüpft. Dadurch können persönliche Beziehungen zwischen Erblasser und Erben bei der Festlegung der → Freibeträge und → Steuersätze berücksichtigt werden. Das System einer Nachlaßsteuer berücksichtigt demgegenüber in erster Linie das vom Erblasser hinterlassene Vermögen.

Erbauseinandersetzung

Der → Nachlaß steht zunächst allen Erben im Ganzen zu. Diese bilden eine → Erbengemeinschaft. Im Rahmen der Erbauseinandersetzung wird die Erbengemeinschaft aufgelöst und der Nachlaß zwischen den Erben entsprechend ihrer → Erbquoten aufgeteilt. Die Auseinandersetzung der Erbschaft kann grundsätzlich jeder Miterbe jederzeit verlangen (§ 2042 Abs. 1 BGB).

Erbausschlagung

→ Ausschlagung

Erbe

Eine Person, die beim Tod des → Erblassers kraft Gesetzes oder kraft → letztwilliger Verfügung → Gesamtrechtsnachfolger von dessen Rechten und Pflichten wird.

Erbengemeinschaft

Hat der Erblasser mehrere Erben, so wird der → Nachlaß bis zur → Erbauseinandersetzung gemeinschaftliches Vermögen der Erben. Die Erbengemeinschaft ist eine → Gesamthandsgemeinschaft. Die Verwaltung des Nachlasses steht den → Miterben gemeinschaftlich zu. Über einzelne Nachlaßgegenstände können die Miterben nur gemeinsam verfügen.

Erbensucher

Gewerblich tätige Person, die nach den → Erben eines Verstorbenen sucht, um zu vermeiden, daß der → Nachlaß dem Staat zufällt.

Erbersatzsteuer

Die Heranziehung von → Familienstiftungen oder Familienvereinen in Zeitabständen von 30 Jahren zur Erbschaftsteuer. Es wird ein Erbfall simuliert, auch wenn tatsächlich die → Stiftung als → juristische Person zeitlich unbegrenzt existieren kann.

Erbfolge

→ Gesamtrechtsnachfolge des Erben in das Vermögen und die Verbindlichkeiten des Erblassers. Der Erblasser kann zu seinen Lebzeiten durch → letztwillige Verfügung festlegen, wer sein Rechtsnachfolger werden soll (gewillkürte Erbfolge). Hat er eine solche Regelung nicht getroffen oder ist diese aus irgendeinem Grund unwirksam oder erklärt der vom Erblasser als Erbe Berufene die → Ausschlagung, so werden Verwandte und der Ehegatte des Erblassers in einer gesetzlich näher geregelten Rangfolge Erben (gesetzliche Erbfolge). Grundsätzlich erbt dann - neben dem Ehegatten - derjenige, der mit dem Erblasser am nächsten verwandt ist (§§ 1924 ff. BGB).

Erbgang

→ Erbanfall

Erblasser

Eine natürliche Person, durch deren Tod die → Erbfolge ausgelöst wird. Eine → juristische Person kann nicht Erblasser sein.

Erbquote

Prozentualer Anteil eines → Miterben am Nachlaß.

Erbschein

Der Erbschein ist ein auf Antrag des Erben erteiltes Zeugnis des → Nachlaßgerichts über das Erbrecht des Erben. Ein mit dem Erbschein bestätigtes Erbrecht wird im Rechtsverkehr als richtig vermutet, auch wenn es tatsächlich gar nicht besteht, §§ 2353 ff. BGB (öffentlicher Glaube des Erbscheins).

Erbteil

Der Erbteil ist der Anteil eines → Miterben am Nachlaß. Er drückt sich in einer bestimmten → Erbquote aus.

Erbvertrag

Form einer → letztwilligen Verfügung, die eine hohe Bindungswirkung entfaltet. Alle späteren letztwilligen Verfügungen, die der vertragsmäßigen Verfügung im Erbvertrag widersprechen oder den vertragsmäßig Bedachten in irgendeiner sonstigen Weise beeinträchtigen, sind insoweit unwirksam. Der Erbvertrag kann im Unterschied zum → gemeinschaftlichen Testament nicht nur von Ehegatten, sondern auch zwischen allen sonstigen Personen geschlossen werden. Er muß notariell beurkundet werden (§§ 2274 ff. BGB).

Erbverzicht

Verwandte sowie der Ehegatte des Erblassers können durch Vertrag mit dem Erblasser auf ihr gesetzliches Erbrecht verzichten. Der Erbverzichtsvertrag bedarf der notariellen Beurkundung. Die Folge des Erbverzichts ist der Ausschluß von der → Erbfolge und zugleich auch der Verlust des → Pflichtteils (§§ 2346 ff. BGB). Dadurch erhöhen sich die Erbteile anderer gesetzlicher Erben und damit auch deren potentielle Pflichtteilsansprüche.

Ersatzerbe
Der Erblasser kann für den Fall, daß der eigentlich zum Erbe Berufene wegfällt, etwa weil er bereits vor dem Erblasser verstorben ist, eine Ersatzperson benennen, die dann an Stelle des Weggefallenen Erbe wird, § 2096 BGB. Der Ersatzerbe ist insoweit zu unterscheiden vom → Nacherben. Im Zweifelsfall ist durch Auslegung zu bestimmen, was der Erblasser anordnen wollte.

Ersatzvermächtnisnehmer
Die Person, die ein → Vermächtnis erhält, falls die zunächst vorgesehene Person (z.B. durch Tod) wegfällt.

F

Familienstiftung
→ Stiftung

Freibetrag
Steuerbefreiung in bestimmter Höhe. Bei der Erbschaftsteuer richten sich die persönlichen Freibeträge nach Verwandtschaftsgrad und → Steuerklasse des Erwerbers (§ 16 ErbStG):

Erwerber	Freibetrag [in Euro]
Ehegatte	307.000
Kinder, Enkel wenn deren Eltern nicht mehr leben	205.000
übrige Personen der Steuerklasse I	51.200
Personen der Steuerklasse II	10.300
Personen der Steuerklasse III	5.200

G

GbR
Abkürzung für Gesellschaft bürgerlichen Rechts

Gemeinschaftliches Testament
→ Ehegattentestament

Gesamthandsgemeinschaft
Eine Vermögensgemeinschaft, bei der Rechte und Verbindlichkeiten den Mitgliedern jeweils in vollem Umfang – und nicht nur nach Bruchteilen – zustehen. Der einzelne Gesamthänder kann nicht über seinen »Anteil« an einem einzelnen zum Gesamthandsvermögen gehörenden Vermögensgegenstand verfügen. Beispiele für Gesamthandsgemeinschaften sind insbesondere die → Erbengemeinschaft und die Gesellschaft bürgerlichen Rechts.

Gesamtrechtsnachfolge
Der unmittelbare Übergang des gesamten Vermögens einer Person mit allen Rechten und Pflichten auf eine andere Person. Diese tritt dann an die Stelle der Person, deren Vermögen auf sie übergegangen ist. Gesamtrechtsnachfolger einer Person ist beispielsweise dessen Erbe.

gesetzliche Erbfolge
→ Erbfolge

gesetzlicher Erbteil
Der sich nach → gesetzlicher Erbfolge ergebende → Erbteil.

gesetzlicher Güterstand
Der → Güterstand der → Zugewinngemeinschaft. Er gilt immer dann, wenn die Ehegatten nicht durch → Ehevertrag etwas anderes vereinbaren.

gewillkürte Erbfolge
→ Erbfolge

grober Undank
Drastische Verfehlung des Beschenkten gegenüber dem Schenker oder einem nahen Angehörigen des Schenkers, die zum Widerruf der Schenkung berechtigen kann (§ 530 Abs. 1 BGB).

Grundbuch
Bei den Amtsgerichten geführtes öffentliches Register, in dem die einzelnen Grundstücke und alle sie betreffenden Rechtsverhältnisse verzeichnet sind. Die Einrichtung und Führung des Grundbuchs sowie das formelle Eintragungsverfahren sind in der Grundbuchordnung geregelt.

Gütergemeinschaft
Ein durch → Ehevertrag vereinbarter, heute unüblicher → Güterstand, bei dem grundsätzlich das gesamte bisherige sowie das während der Ehe hinzuerworbene Vermögen des Ehemannes und der Ehefrau gemeinschaftliches Vermögen beider Ehegatten wird (Gesamtgut). Insoweit besteht zwischen den Ehegatten eine → Gesamthandsgemeinschaft. Daneben gibt es aber auch Vermögensgegenstände, die den Ehegatten jeweils alleine zustehen (Vorbehaltsgut, Sondergut).

Güterstand
Regelt die vermögensrechtlichen Beziehungen der Ehegatten. Vereinbaren die Ehegatten nicht durch → Ehevertrag etwas anderes, gilt für sie der gesetzliche Güterstand der → Zugewinngemeinschaft. Die Ehegatten können statt dessen auch den Güterstand der → Gütertrennung und der → Gütergemeinschaft vereinbaren oder die gesetzlichen Regelungen der einzelnen Güterstände modifizieren.

Güterstandsregister
Bei den Amtsgerichten geführtes öffentliches Register, in dem die vom gesetzlichen Güterstand (→ Zugewinngemeinschaft) abwei-

chenden vermögensrechtlichen Verhältnisse der Ehegatten untereinander eingetragen und offenbart werden.

Gütertrennung
→ Güterstand zwischen Ehegatten, der durch notariellen → Ehevertrag abweichend vom gesetzlichen Güterstand der → Zugewinngemeinschaft vereinbart werden kann. Durch die Gütertrennung sind die beiden Vermögen der Ehegatten nicht nur sowohl
eigentumsrechtlich als auch haftungsrechtlich völlig voneinander
getrennt. Bei Beendigung der Ehe findet auch kein → Zugewinnausgleich statt. Gegenüber Dritten wirkt die Gütertrennung nur,
wenn sie ins → Güterstandsregister eingetragen oder dem Dritten
bekannt ist (§ 1414 BGB).

J

juristische Person
Personenvereinigung oder Zweckvermögen mit vom Gesetz an-
erkannter rechtlicher Selbständigkeit. Die juristische Person be-
sitzt eine eigene Rechtsfähigkeit, kann daher Träger von Rechten
und Pflichten sein und im Rechtsleben wie jeder Mensch auftre-
ten, außer bei Rechtsgeschäften, die nur eine natürliche Personen
vornehmen kann (zum Beispiel Eheschließung). Sie ist von ihren
Mitgliedern und deren Bestand oder Wechsel unabhängig. Die
Mitglieder sind jedoch an ihrem Vermögen beteiligt und können
einen gewissen Einfluss auf die Geschäftsführung haben. Beispiele für juristische Personen sind der Verein, die Aktiengesell-
schaft oder die Gesellschaft mit beschränkter Haftung (juristische
Personen des Privatrechts), aber auch die Kirchen und Gemein-
den (juristische Personen des öffentlichen Rechts).

K

Kautelarjurisprudenz
Gestaltende Tätigkeit von Organen der Rechtspflege (insbesondere Notaren, Rechtsanwälten). Der Begriff stammt aus dem römischen Recht.

KG
Abkürzung für → Kommanditgesellschaft.

Kommanditgesellschaft
Eine handelsrechtliche → Personengesellschaft, bei der der Komplementär gegenüber den Gesellschaftsgläubigern vollhaftender Gesellschafter ist, während die Haftung der Kommanditisten auf einen bestimmten Betrag begrenzt ist (§ 161 Abs. 1 HGB).

Kommanditist
→ Kommanditgesellschaft

Komplementär
→ Kommanditgesellschaft

Körperschaftsteuer
Die Körperschaftsteuer ist die Einkommensteuer der → juristischen Personen.

Kündigungsschutzklage
Feststellungsklage vor dem Arbeitsgericht, daß das Arbeitsverhältnis durch die Kündigung aufgrund eines Verstoßes gegen das Kündigungsschutzgesetz nicht aufgelöst wurde und deshalb fortbesteht (§ 4 KSchG).

L

letztwillige Verfügung
Jede Anordnung des Erblassers, die erst mit seinem Tode wirksam werden soll (auch Verfügung von Todes wegen genannt), z.B. die Bestimmung des oder der Erben, die Anordnung eines → Vermächtnisses oder einer → Auflage, aber auch die Regelung der → Erbauseinandersetzung, die Bestimmung eines → Testamentsvollstreckers, der Ausschluß eines gesetzlichen Erben von der Erbfolge (→ Enterbung). Die Verfügung kann in der Form des → Testaments oder des → Erbvertrags erfolgen. Für Ehegatten besteht die Möglichkeit, ein gemeinschaftliches Testament (→ Ehegattentestament) zu errichten.

lex rei sitae
Die Rechtsordnung, die am Ort einer bestimmten Sache (meistens Grundstück) gilt (»Recht der belegenen Sache«).

M

Miterbe
Einer von mehreren → Erben, Mitglied der insoweit bestehenden → Erbengemeinschaft.

N

Nacherbe
Im Gegensatz zum → Ersatzerben wird der Nacherbe erst dann Erbe, nachdem zunächst ein anderer (→ Vorerbe) Erbe geworden ist. Der Nacherbe ist wie der Vorerbe bei Eintritt des → Nacherbfalls Gesamtrechtsnachfolger des Erblassers, nicht des Vor-

erben. Der Vorerbe ist in der Verfügung über die Nachlaßgegenstände beschränkt.

Nacherbfall
Nicht der Tod des Erblassers, sondern der von diesem bestimmte Zeitpunkt des Übergangs der Erbschaft vom → Vorerben auf den → Nacherben. Zumeist ist dieser Zeitpunkt der Tod des Vorerben.

Nacherbfolge
→ Nacherbe

Nacherbschaft
Die beim → Nacherben anfallende Erbschaft.

Nachfolgeklausel
Gesellschaftsvertragliche Regelung zur Nachfolgeberechtigung der → Erben eines Gesellschafters. Bei der sogenannten einfachen Nachfolgeklausel sieht der Gesellschaftsvertrag vor, daß die Gesellschaft mit allen Erben des verstorbenen Gesellschafters fortgesetzt wird. Jeder Erbe wird Gesellschafter in Höhe seiner Erbquote. Bei der sogenannten qualifizierten Nachfolgeklausel wird festgelegt, daß die Gesellschaft nur mit einem oder mehreren bestimmten Erben fortgeführt wird. Der Erbe erwirbt den Gesellschaftsanteil in voller Höhe.

Nachfolgeregelung
Regelung der Nachfolge in ein Unternehmen durch gesellschaftsvertragliche → Nachfolgeklausel und/oder → letztwillige Verfügung.

Nachlaß
Das Vermögen eines Verstorbenen. Er betrifft die Gesamtheit der Rechtsverhältnisse des Erblassers, die beim Erbfall als Ganzes auf

den Erben übergeht. Den Nachlaß bezeichnet man auch als Erbschaft.

Nachlaßgegenstände
Die einzelnen Gegenstände im → Nachlaß des → Erblassers.

Nachlaßgericht
Abteilung des Amtsgerichts, das in allen mit dem Erbrecht zusammenhängenden Verfahren tätig wird.

Nachlaßsteuer
→ Erbanfallsteuer

Nachlaßvermögen
→ Nachlaß

Nachlaßverwalter
Wenn das → Nachlaßgericht die Nachlaßverwaltung zum Zwekke der Befriedigung der Nachlaßgläubiger anordnet, verlieren die → Erben die Befugnis, den → Nachlaß zu verwalten und über ihn zu verfügen (§ 1984 Abs. 1 BGB). Diese Rechte gehen dann auf den Nachlaßverwalter über.

Nachlaßverzeichnis
Verzeichnis der Gegenstände, die Teil des → Nachlasses sind.

Nachlaßverbindlichkeit
Die bereits vom Erblasser begründeten Schulden (Erblasserschulden), ferner die den Erben als solchen treffenden Verbindlichkeiten aus der Erfüllung von → Pflichtteilen, → Vermächtnissen und → Auflagen (Erbfallschulden).

Nachlaßversteigerung
Versteigerung des → Nachlasses im Ganzen oder einzelner Nachlaßgegenstände zur Ermöglichung der → Erbauseinandersetzung durch Verteilung des Versteigerungserlöses entsprechend der → Erbquoten (auch: Teilungsversteigerung).

Nachvermächtnis
Ähnlich der Regelung zur → Nacherbschaft kann der Erblassers bestimmen, daß ein mittels → Vermächtnis zugewendeter Gegenstand ab einem bestimmten Zeitpunkt – meistens der Tod des zunächst Begünstigten – einem Dritten, dem Nachvermächtnisnehmer, zustehen soll.

Nießbrauch
Bezeichnet das Recht, die Nutzungen einer Sache oder eines Rechts zu ziehen. Die berechtigte Person (Nießbrauchsberechtigter) kann die Sache umfassend nutzen, also beispielsweise ein Grundstück vermieten oder selbst bewohnen. Der Nießbrauch kann weder übertragen noch vererbt werden. In der Praxis kommt die Einräumung eines Nießbrauchsrechtes häufig im Rahmen lebzeitiger Maßnahmen zur → vorweggenommenen Erbfolge in der Form vor, daß sich der Schenker etwa einer Immobilie, aber auch eines Gesellschaftsanteils bei der Übertragung der Immobilie oder des Gesellschaftsanteils auf die Kinder den lebzeitigen Nießbrauch hieran vorbehält (Vorbehaltsnießbrauch). Eine andere Variante besteht darin, mit → letztwilliger Verfügung den Kindern werthaltige Gegenstände zuzuweisen, dem länger lebenden Ehegatten hieran aber den lebzeitigen unentgeltlichen Nießbrauch mittels Vermächtnis zuzuwenden (Zuwendungsnießbrauch, Vermächtnisnießbrauch) und so dessen Altersversorgung sicherzustellen.

O

öffentliches Testament

Form der Errichtung eines → Testaments, bei der der Erblasser entweder einen Notar beauftragt, seinen mündlich erklärten letzten Willen niederzuschreiben, oder einem Notar eine offene oder verschlossene Schrift mit der Erklärung überreicht, daß diese Schrift seinen letzten Willen enthalte. Der Notar überprüft im Rahmen seiner Möglichkeiten die → Testierfähigkeit des Erblassers und bescheinigt diese in der über die Errichtung des Testaments anzufertigenden Niederschrift. Außerdem veranlasst er, daß das Testament in amtliche Verwahrung gebracht wird.

OLG

Abkürzung für Oberlandesgericht.

P

Patchwork-Familie

Familie, bei der die Eltern ihre jeweiligen Kinder aus vorhergehenden Ehen oder Lebenspartnerschaften in die neue Beziehung eingebracht haben; von engl. Patchwork = Flickenteppich.

Personengesellschaft

Ein Zusammenschluß mehrerer Personen zu einer Gesellschaft, bei der die persönliche Mitgliedschaft der Gesellschafter und weniger ihre kapitalmäßige Beteiligung im Vordergrund steht. Personengesellschaften sind u. a. die → GbR, die offenen Handelsgesellschaft (OHG) und die → KG. Den Gegensatz zu den Personengesellschaften bilden die Kapitalgesellschaften (z.B. GmbH, AG).

Pflichtteil

Pflichtteil bezeichnet den gesetzlichen Mindestanteil einer Person am → Nachlaß eines verstorbenen nahen Angehörigen. Der Pflichtteilsanspruch ist ein sofort fälliger Geldanspruch und beträgt die Hälfte des Werts des → gesetzlichen Erbteils. Durch das Pflichtteilsrecht naher Angehöriger wird die → Testierfreiheit des Erblassers eingeschränkt. Sind Abkömmlinge, Eltern oder der Ehegatte (Pflichtteilsberechtigte) des Erblassers durch → letztwillige Verfügung von der → gesetzlichen Erbfolge ausgeschlossen (enterbt), so können sie von dem Erben ihren Pflichtteil verlangen, was eine hohe Liquiditätsbelastung für den Erben bedeuten und oftmals alle Erbfolgeplanungen zunichte machen kann.

Pflichtteilsergänzungsanspruch

Hat der Erblasser einem Dritten innerhalb der letzten zehn Jahre vor dem Erbfall eine Schenkung gemacht, so kann der Pflichtteilsberechtigte als Ergänzung seines insoweit geschmälerten → Pflichtteils den Betrag vom Erben verlangen, um den sich der Pflichtteil erhöht, wenn der verschenkte Gegenstand dem → Nachlaß hinzugerechnet wird. Erfolgte die Schenkung gegenüber dem Ehegatten, beginnt die Zehn-Jahres-Frist erst mit Beendigung der Ehe.

Pflichtteilsverzicht

Vertraglicher Verzicht auf den → Pflichtteil. Im Gegensatz zum → Erbverzicht bleibt das gesetzliche Erbrecht bestehen, so daß sich die Pflichtteilsansprüche anderer Pflichtteilsberechtigter durch den Abschluß des → Pflichtteilsverzichtsvertrages nicht erhöhen.

Pflichtteilsverzichtsvertrag

Vertrag zur Vereinbarung eines → Pflichtteilsverzichtes. Der Vertrag muss zu seiner Wirksamkeit notariell beurkundet werden.

R

Registergericht

Gericht, das ein öffentliches Verzeichnis über bestimmte Tatsachen führt, die der Öffentlichkeit zugänglich sein sollen. Regelmäßig ist das Amtsgericht Registergericht. Registergerichte bestehen in Handels-, Genossenschafts-, Vereins- und Güterrechtssachen.

S

Schenkung auf den Todesfall

Lebzeitiger Schenkungsvertrag, dessen Erfüllung aber bis zum Tod des Schenkers aufgeschoben ist. Die Vorschriften für Schenkungen unter Lebenden finden Anwendung.

Schenkung von Todes wegen

Schenkungsversprechen, das unter der Bedingung abgegeben wird, daß der Beschenkte den Schenker überlebt. Diese Schenkung unterliegt den Bestimmungen über → letztwillige Verfügungen, um die Umgehung erbrechtlicher Formvorschriften auszuschließen.

Schiedsvereinbarung

Die vertragliche Vereinbarung der Parteien, Streitigkeiten nicht der staatlichen Gerichtsbarkeit, sondern der Entscheidung durch ein Schiedsgericht zu unterwerfen.

Schiedsverfahren

Das Verfahren eines Schiedsgerichtes.

Schlußerbe

→ Berliner Testament

Schlußerbschaft
→ Berliner Testament

Simonis-Entwurf
Gesetzentwurf zur Reform der Erbschaftssteuer, den Schleswig-Holsteins Ministerpräsidentin Heide Simonis im Juni 2004 (erfolglos) in den Bundesrat einbrachte und der eine höhere Besteuerung größerer Erbschaften vorsah.

Sondererbfolge
Im deutschen Erbrecht gilt der Grundsatz der → Gesamtrechtsnachfolge. Eine Sondererbfolge nur in einzelne → Nachlaßgegenstände ist vom Gesetz dagegen nur vereinzelt vorgesehen, z. B. bei dem Erwerb eines Anteils an einer → Personengesellschaft, wenn im Fall des Todes des Gesellschafters diese mit einem vom → Erblasser bestimmten → Erben fortgeführt wird.

St

Steuerklassen

Steuerklasse	zugehörige Personen
I	1. Ehegatte
	2. Kinder und Stiefkinder
	3. Abkömmlinge der Kinder und Stiefkinder
	4. Eltern und Großeltern (nicht bei Schenkungen)
II	1. Eltern und Großeltern (bei Schenkungen)
	2. Geschwister
	3. Kinder von Geschwistern
	4. Stiefeltern
	5. Schwiegerkinder
	6. Schwiegereltern
	7. geschiedener Ehegatte
III	alle übrigen Personen

Einteilung der Steuerpflichtigen in Gruppen. Bei der Erbschaft- und Schenkungsteuer gibt es eine Einteilung in drei Klassen, je nach dem persönlichen Verhältnis des Erben/Beschenkten zum Erblasser/Schenker (§ 15 ErbStG). Die Steuerklassen wirken sich bei den anzuwendenden → Steuersätzen und → Freibeträgen aus.

Steuerprogression

Der anzuwendende → Steuersatz erhöht sich mit zunehmender Bemessungsgrundlage. Bei der Erbschaft- und Schenkungsteuer vollzieht sich die Erhöhung insoweit in sieben Schritten (Progressionsstufen). Innerhalb der einzelnen Progressionsstufen gelten für höhere → Steuerklassen auch höhere Steuersätze.

Steuersatz

Der Prozentsatz, der zusammen mit der steuerlichen Bemessungsgrundlage die Höhe der Steuerbelastung bestimmt. Er unterliegt gegebenenfalls einer → Steuerprogression. Bei der Erbschaft- und Schenkungsteuer gelten folgende Steuersätze (§ 19 Abs. 1 ErbStG):

Wert des steuerpflichtigen Erwerbs Steuerklasse bis einschließlich ... Euro	Steuersatz nach		
	I	II	III
52.000	7 %	12 %	17 %
256.000	11 %	17 %	23 %
512.000	15 %	22 %	29 %
5.113.000	19 %	27 %	35 %
12.783.000	23 %	32 %	41 %
25.565.000	27 %	37 %	47 %
über 25.565.000	30 %	40 %	50 %

Steuerwert

Wert eines Wirtschaftsguts nach steuerrechtlichen Bewertungsmaßstäben. Die Steuerwerte werden auf Grundlage des Bewertungsgesetzes ermittelt und sind oft niedriger als die → Verkehrswerte.

Stiftung
→ Juristische Person, in der ein bestimmtes Vermögen rechtlich verselbständigt wird, um für eine gewisse Dauer einen bestimmten Zweck nach dem Willen des Stifters zu erfüllen. Dies können insbesondere steuerbegünstigte, also gemeinnützige, mildtätige oder kirchliche Zwecke (§ 51 ff. Abgabenordnung), aber auch die Unterstützung einer Familie, etwa derjenigen des Stifters sein (Familienstiftung). Der Förderung des Stiftungszweckes dienen grundsätzlich nur die Erträge des vom Stifter oder anderen Personen (Zustifter) zur Verfügung gestellten Kapitalstocks.

stille Beteiligung
Beteiligung einer natürlichen oder → juristischen Person am Handelsgewerbe eines anderen mit einer Vermögenseinlage. Nach außen tritt die stille Gesellschaft nicht in Erscheinung.

T

Teilungsanordnung
Anordnung des Erblassers durch → letztwillige Verfügung für die → Erbauseinandersetzung, § 2048 BGB. Im Gegensatz zum → Vorausvermächtnis müssen die Erben die über ihre → Erbquote hinausgehenden Mehrempfänge, die sie aufgrund einer Teilungsanordnung erhalten haben, untereinander ausgleichen.

Teilungsverfahren
→ Erbauseinandersetzung

Teilungsversteigerung
→ Nachlaßversteigerung

Testament
Vom Erblasser einseitig getroffene → letztwillige Verfügung, in

der dieser in der Regel den Erben bestimmt und damit die gesetzliche durch die gewillkürte → Erbfolge ersetzt. Daneben können auch → Vermächtnisse oder → Auflagen angeordnet oder sonstige Regelungen für den Todesfall getroffen werden. Der Erblasser kann das Testament entweder durch eine eigenhändig geschriebene und unterschriebene Erklärung errichten, wobei Zeit und Ort der Erklärung angegeben werden sollten. Das Testament kann daneben auch zur Niederschrift eines Notars (→ öffentliches Testament) errichtet werden.

Testamentseröffnung

Das → Nachlaßgericht bestimmt, sobald es von dem Tod des Erblassers Kenntnis erlangt, zur Eröffnung eines in seiner Verwahrung befindlichen oder bei ihm abgelieferten → Testaments einen Termin. Regelmäßig werden die voraussichtlichen Erben dazu geladen. In dem Termin wird das Testament geöffnet, den Beteiligten verkündet und ihnen auf Verlangen vorgelegt, § 2260 BGB.

Testamentsvollstreckung

Der → Erblasser kann zur Ausführung seines letzten Willens, auch gegenüber den → Erben, durch → letztwillige Verfügung einen oder mehrere Testamentsvollstrecker bestimmen. Der Testamentsvollstrecker hat die letztwillige Verfügung des Erblassers zur Ausführung zu bringen. Er hat nach den Vorgaben des Erblassers die → Auseinandersetzung des von ihm in Besitz genommenen → Nachlasses zu betreiben (Abwicklungsvollstreckung) oder den Nachlaß für bestimmte Zeit oder auf Dauer zu verwalten (Verwaltungsvollstreckung, Dauertestamentsvollstreckung, Dauervollstreckung), §§ 2197 ff. BGB.

Testamentsvollstrecker

→ Testamentsvollstreckung

Testierfähigkeit
Die Testierfähigkeit bezeichnet die Fähigkeit einer Person, selbständig ein → Testament zu errichten. Ein Minderjähriger muss dazu das 16. Lebensjahr vollendet haben; er bedarf nicht der Zustimmung seines gesetzlichen Vertreters. Wer wegen krankhafter Störung der Geistestätigkeit, wegen Geistesschwäche oder wegen Bewusstseinsstörung nicht in der Lage ist, die Bedeutung einer von ihm abgegebenen Willenserklärung einzusehen und nach dieser Einsicht zu handeln, kann ein Testament nicht errichten (§ 2229 BGB).

Testierfreiheit
Testierfreiheit bezeichnet die Freiheit einer Person, nach Belieben → letztwillige Verfügungen zu errichten. Beschränkt wird die Testierfreiheit insbesondere durch den → Pflichtteil, der bestimmten nahen Verwandten oder dem Ehegatten des Verstorbenen einen Mindestanteil am Nachlaß gewährleistet. Weitere Beschränkungen können sich durch die Bindungswirkung bereits errichteter letztwilliger Verfügungen ergeben, insbesondere bei → Ehegattentestamenten und → Erbverträgen.

Trust
Ein in einigen ausländischen Rechtsordnungen vorgesehenes Rechtsgebilde, welches insbesondere im anglo-amerikanischen Rechtskreis auch bei der Nachfolgeplanung eingesetzt wird. Der Trust hat keine eigene Rechtspersönlichkeit. Er beinhaltet nach deutschem Rechtsverständnis Elemente eines Treuhandverhältnisses und einer → Stiftung.

U

US Supreme Court
Das oberste amerikanische Gericht.

V

Verkehrswert
Der tatsächliche Wert eines Wirtschaftsguts; er entspricht dem am Markt erzielbaren Kaufpreis.

Vermächtnis
Mit einem Vermächtnis wendet der → Erblasser einem anderen (Vermächtnisnehmer) einen Vermögensvorteil zu, ohne ihn als → Erben einzusetzen, § 1939 BGB. Auf diese Weise können den Begünstigten konkrete Gegenstände oder auch Geldbeträge zugewandt werden. Es kommt nicht zur → Gesamtrechtsnachfolge.

Vermächtnisnehmer
→ Vermächtnis

Versorgungsfreibetrag
Besonderer → Freibetrag zur Entlastung des überlebenden Ehegatten bei der Erbschaftsteuer in Höhe von 256.000 Euro (§ 17 ErbStG). Stehen dem Ehegatten aus Anlaß des Todes des Erblassers nicht der Erbschaftsteuer unterliegende Versorgungsbezüge zu, ist der Freibetrag entsprechend zu kürzen.

Vertrag zu Gunsten Dritter
Vertrag, in dem vereinbart wurde, daß der Schuldner die Leistung nicht den Gläubiger, sondern an einen Dritten erbringen soll (§§ 328 ff. BGB). Ob nur der Gläubiger die Leistung an den Dritten verlangen kann (unechter Vertrag zu Gunsten Dritter) oder dem Dritten daneben ein eigenständiger Anspruch zusteht (echter Vertrag zu Gunsten Dritter), ist Vereinbarungssache.

Verwaltungsvollstreckung
→ Testamentsvollstreckung

Vollmacht
Die durch Rechtsgeschäft erteilte Vertretungsmacht (§ 166 Abs. 2 BGB).

Vorausvermächtnis
Das einem → Erben zugewandte → Vermächtnis (§ 2150 BGB). Im Gegensatz zur → Teilungsanordnung hat der Vorausvermächtnisnehmer einen Anspruch auf Übereignung des vermachten Gegenstandes, ohne daß dessen Wert auf seinen → Erbteil angerechnet wird. Die Anordnung von Vorausvermächtnissen zu Gunsten verschiedener Erben kann daher ein erfolgversprechendes Mittel zur weitgehenden Vermeidung einer → Erbauseinandersetzung sein.

Vorerbe
→ Vorerbschaft

Vorerbfolge
→ Vorerbschaft

Vorerbschaft
Vorerbe ist der durch → Testament eingesetzte oder → gesetzliche Erbe, der in seiner Verfügungsfreiheit über den → Nachlaß durch die gleichzeitige Einsetzung eines → Nacherben beschränkt ist. Der Vorerbe darf dann beispielsweise nicht über die im → Nachlaß befindlichen Grundstücke verfügen oder Nachlaßgegenstände verschenken; außerdem hat er bestimmte Rechenschaftspflichten. Der Erblasser kann den Vorerben allerdings in der letztwilligen Verfügung von den meisten im Gesetz vorgesehenen Beschränkungen befreien (→ befreite Vorerbschaft). Mit dem → Nacherbfall, zumeist der Tod des Vorerben, fällt die Erbschaft dem Nacherben an.

Vormund

Vom → Vormundschaftsgericht bestellter Rechtsvertreter eines minderjährigen Kindes, das nicht unter elterlicher Sorge steht oder dessen Eltern weder in den die Person noch in den das Vermögen betreffenden Angelegenheiten zur Vertretung des Minderjährigen berechtigt sind.

Vormundschaftsgericht

Das Vormundschaftsgericht ist eine besondere Abteilung beim Amtsgericht. Es entscheidet insbesondere in Vormundschaftssachen, Betreuungssachen und bei Adoptionen.

Vorvermächtnis

Ähnlich wie bei der → Vorerbschaft ist auch beim Vorvermächtnis der Begünstigte durch die Anordnung eines → Nachvermächtnisses in seiner Verfügungsfreiheit über den zugewiesenen Gegenstand beschränkt.

Vorweggenommene Erbfolge

Vermögensübertragung bereits zu Lebzeiten im Wege einer Schenkung mit Blick auf die spätere Erbfolge, zumeist auch mit dem Ziel, durch zeitliche Streckung der Übertragungen eine mehrfache Ausnutzung von → Freibeträgen sowie Senkung der → Steuerprogression und damit im Ergebnis eine Verringerung der Steuerlast zu erreichen.

W

Wechselbezügliche Verfügungen

→ Letztwillige Verfügungen von Ehegatten, die diese in einem gemeinschaftlichen Testament (→ Ehegattentestament) oder in einem → Erbvertrag treffen und deren Wirksamkeit von dem Fortbestand der Verfügungen des anderen Ehegatten untrennbar abhängig sein soll. Bei wechselbezüglich abgegebenen letztwilligen Verfügungen ist die Widerrufsmöglichkeit stark eingeschränkt.

Widerrufsklausel
→ Widerrufsvorbehalt

Widerrufsvorbehalt
Der Schenker kann sich vorbehalten, die Schenkung zu widerrufen, wenn der Beschenkte die geforderten Voraussetzungen nicht erfüllt oder sonstige Bedingungen eintreten.

Wiederverheiratungsklausel
→ Letztwillige Verfügung, wonach an die Wiederverheiratung des überlebenden Ehegatten negative Folgen geknüpft werden. So kann etwa bestimmt werden, daß der zunächst auf den Ehegatten übergegangene → Nachlaß den Kindern zufallen soll, wenn der Ehegatte nochmals heiratet. Die Kinder werden insoweit als bedingte → Nacherben eingesetzt. Der überlebende Ehegatte ist dann bis zu seinem Tode oder bis zu seiner Wiederverheiratung → befreiter Vorerbe.

Wohnrecht
Das Wohnrecht beinhaltet das Recht, ein Gebäude oder einen Teil eines Gebäudes unter Ausschluß des Eigentümers als Wohnung zu benutzen. Das Wohnrecht ist eine beschränkte persönliche Dienstbarkeit (§ 1093 BGB). Es ist weniger weitreichend als ein → Nießbrauch, im Gegensatz hierzu aber in der Zwangsvollstreckung unpfändbar.

Wohnsitz
Den Wohnsitz hat jemand dort, wo er eine Wohnung unter Umständen innehat, die darauf schließen lassen, daß er die Wohnung beibehalten und benutzen wird (§ 8 AO).

Z

Zugewinnausgleich

Bei Beendigung des → gesetzlichen Güterstandes der → Zugewinngemeinschaft wird der in der Ehe von den Ehegatten erzielte Zugewinn ausgeglichen. Das Endvermögen eines jeden Ehegatten wird dabei mit dessen Anfangsvermögen verglichen; der Ehegatte mit dem geringeren Zugewinn hat einen Anspruch in Höhe der Hälfte des vom Ehepartner mehr erzielten Zugewinns. Endet die Ehe durch Tod eines Ehegatten, erfolgt der Zugewinnausgleich durch eine pauschale Erhöhung des gesetzlichen Erbteils des längerlebenden Ehegatten um ein Viertel ohne Rücksicht auf einen tatsächlichen Zugewinn (§ 1371 Abs. 1 BGB). Der Erwerb ist in Höhe des tatsächlich berechneten Zugewinnausgleichs steuerfrei (§ 5 ErbStG).

Zugewinngemeinschaft

→ Güterstand der Ehegatten, wenn sie nicht durch → Ehevertrag etwas anderes vereinbaren. Das Vermögen des Mannes und das Vermögen der Frau werden nicht gemeinschaftliches Vermögen; beide Vermögensmassen bleiben - wie bei der → Gütertrennung - unabhängig voneinander. Das gilt auch für Vermögen, das ein Ehegatte nach der Eheschließung erwirbt. Erst bei Beendigung des Güterstandes, etwa durch Tod, Scheidung oder ehevertragliche Vereinbarung, wird ein → Zugewinnausgleich durchgeführt. Die Ehegatten können den Güterstand der Zugewinngemeinschaft nach ihren Bedürfnissen modifizieren (sogenannte modifizierte Zugewinngemeinschaft). So können sie etwa vereinbaren, daß ein Ausgleich des Zugewinns im Falle der Ehescheidung vollständig ausgeschlossen oder mehr oder weniger weitgehend beschränkt wird. Dann bleibt bei Beendigung der Ehe durch Tod der Erwerb durch den Ehegatten in Höhe des hypothetischen Zugewinnausgleichs steuerfrei.

Zustiftung
Zuwendung in den Kapitalstock einer bereits bestehenden → Stiftung entweder durch den ursprünglichen Stifter oder einen Dritten.

Zuwendungsnießbrauch
　　→ Nießbrauch

Die Autorenschaft der einzelnen Kapitel

Hans Flick:
Im Tode sind alle gleich, Der Gewürzfabrikant Ostmann, Alfred
Nobel, Familiengesellschaft Benteler, Grace Kelly, Heinrich
Heine, Warren Buffett

Hans Flick/Frank Hannes:
James Dean, Abraham Lincoln, Johann Wolfgang von Goethe

Hans Flick/Christian von Oertzen:
Pablo Picasso, Alice Keppel, Henry Ford II., Howard Hughes,
Steven Spielberg, Prinz Louis Ferdinand von Preußen, William
Shakespeare, Johann Friedrich Städel, Dora Maar, Hans Heinrich
Thyssen-Bornemisza

Hans Flick/Frank Hannes/Christian von Oertzen:
Quintessenz für »Normalsterbliche«

Wolfgang Onderka:
Glossar

Hans Flick, Dr., ist Gründungspartner der Kanzlei Flick Gocke Schaumburg. Seit über 40 Jahren berät er Familienunternehmen und Privatpersonen bei der Gestaltung der gesamtheitlichen Erb- und Unternehmensnachfolge.

Frank Hannes, Dr., ist Rechtsanwalt, Fachanwalt für Steuerrecht und Steuerberater. Als Partner bei Flick Gocke Schaumburg ist er am Standort Bonn seit vielen Jahren beratend und gestaltend im Bereich der Unternehmens- und Vermögensnachfolgeplanung tätig.

Christian von Oertzen, Dr., Rechtsanwalt und Fachanwalt für Steuerrecht und ebenfalls Partner bei Flick Gocke Schaumburg, leitet am Standort Frankfurt am Main den Bereich Vermögens- und Unternehmensnachfolge.

Bloß keine Grabrede!

Hans Flick, Frank Hannes und
Christian von Oertzen
Bloß keine Grabrede!
Und was Sie sonst noch zu Lebzeiten
ohne Ihren Anwalt regeln sollten.

Dezember 2005. Ca. 192 Seiten.
Hardcover mit Schutzumschlag
19,90 € (D)
ISBN 3-89981-031-7

Wissen Ihre Kinder, die Hinterbliebenen oder der Nachbar, was im Falle Ihres Todes zu tun ist? Wie werden rechtzeitig Rentenansprüche geltend gemacht? Welche Unterlagen (Erbschein, Sterbeurkunde etc.) verlangt die Lebensversicherung? Und wo sind die Schwarzen Konten? Verfügungskonto mit General-Vollmacht? Patientenverfügung: Ja oder Nein? Und schließlich die uralte Frage, die schon Kain und Abel in den Zwist trieb: Wer bekommt was und das ohne Ärger und Streit?
Das Autoren-Trio von „Erben ohne Streit und Steuern" erläutert, wie man ohne Anwalt den ganz persönlichen Willen verfügt und die Aufteilung des häuslichen Besitzes friedlich regelt. Die Checklisten helfen, unnötige Vermögensverluste zu vermeiden!

Frankfurter Allgemeine Buch

Erben ohne Streit und Steuern

Hans Flick, Frank Hannes und
Christian von Oertzen

**Erben ohne Streit
und Steuern**

Sichere Erbfolgeplanung für Sie
und Ihre Familie

2004. 3. Aufl. 264 Seiten, Hardcover
mit Schutzumschlag. 24,90 € (D)
ISBN 3-89981-008-2

Nur 30 Prozent der Deutschen treffen eine Entscheidung
über ihren Nachlaß – mit oftmals fatalen Folgen. Dabei können Sie Zwistigkeiten in der Familie vermeiden, Steuern sparen und Ihrem Partner den Lebensabend sichern, wenn Sie
rechtzeitig die richtige Vorsorge treffen. Welche Maßnahmen
zum Ziel führen, sagen Ihnen Hans Flick, Frank Hannes und
Christian von Oertzen, Partner einer der führenden Kanzleien
des Erb- und Steuerrechts (European Tax Law Firm of the Year
2003).

Mit 20 Cartoons von F.A.Z.-Karikaturist Kai Felmy!

Frankfurter Allgemeine Buch

Geschenkbücher

Jan Klage

Wetter macht Geschichte

Der Einfluß des Wetters auf den Lauf der Geschichte.

2004. 4. Aufl. 240 Seiten.
Hardcover mit Schutzumschlag.
17,50 € (D), 31,20 CHF
ISBN 3-89843-097-9 # 2097

Stefanie Unger Hg.

Vertrauen ist gut ...

Braucht die Wirtschaft mehr Kontrolle?
35 Prominente geben eine Antwort

2003. 232 Seiten.
Hardcover mit Schutzumschlag.
19,90 € (D), 53,10 CHF
ISBN 3-89981-028-7 # 3028

Dagmar Gaßdorf

Zickenlatein

Den Erfolg herbeireden. Das Weiber-buch, das Männer heimlich kaufen.

2003. 2. Aufl. 116 Seiten. Ganzleinen.
15,90 € (D), 28,00 CHF
ISBN 3-934191-65-7 # 9165

Dagmar Gaßdorf

Lustreden

Ein fröhlicher Leitfaden für mancherlei Anlässe

2003. 2. Aufl. 120 Seiten.
Hardcover/Ganzleinen.
15,90 € (D); 28,00 CHF
ISBN 3-89981-022-8 # 3022

Frankfurter Allgemeine Buch

Geschenkbücher

Hanno Beck

Der Alltagsökonom

Warum Warteschlangen effizient sind.
Und wie man das Beste aus seinem
Leben macht

2004. 2. Aufl. 256 Seiten.
Hardcover mit Schutzumschlag.
17,50 € (D), 31,20 CHF
ISBN 3-89981-032-5 # 3032

Fredmund Malik

Gefährliche Managementwörter

Und warum man sie vermeiden sollte

2005. 4. Aufl. 200 Seiten.
Hardcover mit Schutzumschlag.
17,50 € (D), 31,20 CHF
ISBN 3-89981-039-2 # 3039

Karin Truscheit Hg.

Warum grillen Männer?

Antworten auf einfach komplizierte
Alltagsfragen

2003. 192 Seiten.
Hardcover mit Schutzumschlag
17,50 € (D), 31,20 CHF
ISBN 3-89981-012-0 # 3012

Jürgen Fuchs

Das Märchenbuch für Manager

Gute-Nacht-Geschichten für Leitende und
Leidende

2004. 5. Aufl. 256 Seiten.
Hardcover mit Schutzumschlag.
19,90 € (D), 35,10 CHF
ISBN 3-89981-003-1 # 3003

Frankfurter Allgemeine Buch